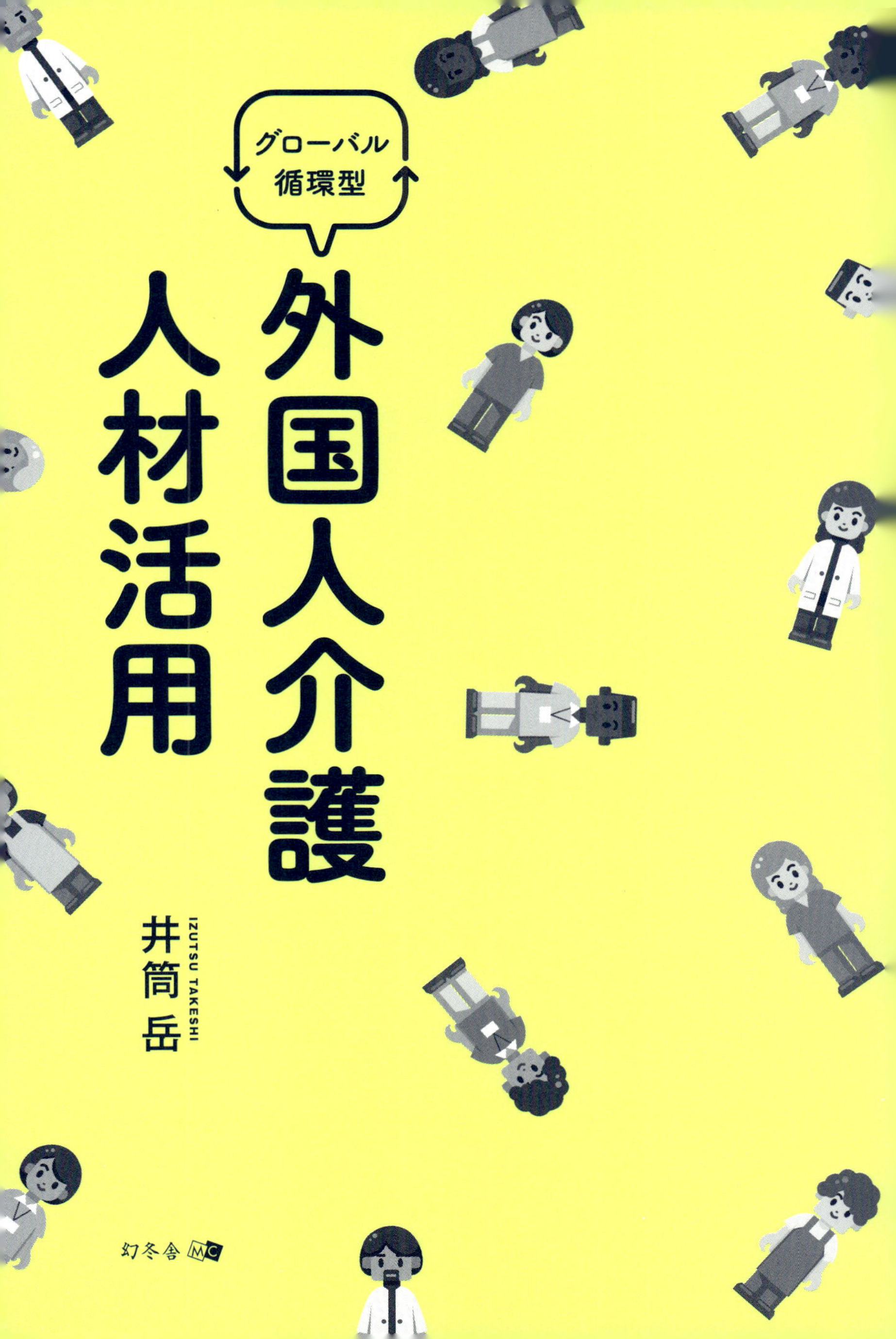

グローバル循環型

外国人介護人材活用

井筒岳
IZUTSU TAKESHI

幻冬舎MC

グローバル循環型
外国人介護人材活用

はじめに

日本では１９７０年代から高齢化が急速に進み、２００７年には超高齢社会に突入するなど、介護を必要とする人の数は増加の一途をたどっています。厚生労働省の２０２１（令和３）年度介護保険事業状況報告（年報）によると、要介護認定者数は６９０万人に上り、過去最多の数字となりました。

その一方で、介護人材の不足が危機的状況に陥っています。厚生労働省が２０２１年に発表した推計によれば、２０２５年度には介護人材の必要数が約２４３万人に、２０４０年度には約２８０万人になると予想されています。この数字を見れば、抜本的な対策が必要であることは明らかです。

そこで注目されるようになったのが外国人介護人材の活用です。２０１９年には特定技能「介護」の制度も施行され、最近では外国人介護人材を活用しようとする介護施設も増えています。しかし円安が進み、日本はほかの先進国と比べても賃金の面で魅力的な出稼ぎ先ではなくなってきており、ただ待っていても優秀な人材が働きに来てくれるわけではありません。

私は医師として45年にわたって医療現場に身をおき、岩手県と宮城県の県北で地域に根ざした病院や介護福祉施設を経営してきました。2017年には東北地方の民間医療機関のなかで医業収益が1位になり、近隣の医療機関や福祉施設とも連携しながら地域医療に携わっています。そのなかで2015年にはミャンマーに日本語学校をつくり、そこで日本語を学んだ人材を50人以上介護の現場に受け入れ、2018年から外国人介護人材の活用に取り組んでいます。

この経験から確信しているのは、私が取り組んできたグローバル循環型の介護人材活用が日本の介護現場の慢性的な人手不足解消の突破口になるということです。現地に日本語学校をつくれば日本に介護の技術を学びに来る際の言葉の壁を低くすることができます。また、アジアの国々のなかには、介護施設が普及していない地域も少なくありません。そういう地域から来日した場合、せっかく介護の技術を身につけたとしても母国に帰ったときに活躍の場がありません。

そこで、来日した人材を育てるだけでなく、彼らの母国にも介護施設をつくって働ける場を用意しておくのです。そうすれば、帰国後に日本での経験を活かして介護の仕事を続けることができますし、これから高齢化が進むことが予想されている途上国に良質な介護サービスを広めるきっかけにもなります。

このようなグローバル循環型の人材活用が機能すれば、日本は即戦力となる介護人材を確保することができ、外国人介護人材の母国には質の高い介護サービスを還元することができます。日本にも外国人介護人材本人にもその母国にも、それぞれ大きなメリットがあるのです。

本書ではグローバル循環型の介護現場を実現するために、まず外国人介護人材の受け入れ体制をどのように整えていけばよいのかを説明したうえで、どうすれば国の違いを超えて人材を育成していけるのかを解説します。そして、日本で育てた優秀な外国人介護人材が母国で働ける仕組みをいかに構築するのかなどについても述べます。

この本が、介護医療人材の不足に悩む日本の現状打破の助けとなり、海外の介護医療の発展に寄与するきっかけとなれば、こんなにうれしいことはありません。

目次

はじめに 002

第1章 増え続ける要介護者と不足する医療介護人材

超高齢社会 増え続ける要介護者 014
慢性的な人材不足で無理を重ねる介護の現場 018
加速する介護スタッフの高齢化 021
綻びが見え始めた地域医療のネットワーク 023
これから10年の介護業界の課題 026

第2章

日本の人手不足を解決し、途上国の医療介護レベルを底上げする「グローバル循環型」外国人介護人材活用とは

外国人介護人材が人材不足の解決の糸口となる 030
進む外国人介護人材の活用 032
増加する外国人の介護福祉士 036
外国人介護人材受け入れの背景 039
外国人介護人材受け入れについてのよくある勘違い 043
現場で活躍する外国人スタッフたち 047
外国人スタッフは評価が高く良い刺激を与える存在 049
外国人スタッフが介護現場にもたらした変化 053
育った国は違っても心は通い合う 055
外国人材を日本で育てても母国での活躍の場がなかった 059
「グローバル循環型」こそ、外国人介護人材活用の最適な型 061

母国に帰っていきいきと働くスタッフの姿が新たな人材の呼び水となる 064

第3章

「グローバル循環型」を実現するための第一歩 外国人介護人材の受け入れ体制を整える

外国人介護人材受け入れの4つの仕組み 068
①EPA介護福祉士候補者 070
②在留資格「介護」 076
③技能実習 082
④特定技能 083
特定技能で外国人介護人材を受け入れるメリット 091
外国人介護人材受け入れに立ちはだかる3つの壁 094
これからは外国人介護人材の争奪戦になる 097

グローバル循環型に求められる受け入れ方法　100
介護職を志す外国人をいかにサポートするか　103
受け入れ体制の整え方　107
多様性を認め合うマネジメント　127

第4章

国籍の違いにとらわれず、皆が働きやすい環境をつくる「グローバル循環型」に必要な外国人介護人材の育成・指導

日本語のスキルをいかに上げるのか　132
「外国人」と一括りにはできない　出身国によって異なる文化　140
文化の違いを理解し合うことで相乗効果が生まれる　150

日本人が見落としがちな宗教のこと　152
利用者や利用者家族によくある勘違い　153
日本人スタッフと外国人スタッフとの間に起こりがちなすれ違い　155
外国人スタッフがつまずきやすいポイント　160
いかに受け入れ施設側の体制をつくっていくか　163
初めの一人がロールモデルになる　169

第5章

日本で育てた優秀な外国人介護人材が母国で働ける仕組みを構築

「グローバル循環型」で日本と途上国は〝Win-Win〟になれる

1台のベッドに2人の患者～医療途上国の医療レベルの現状～　174

ミャンマーに日本語学校をつくった理由 177
パブリックホスピタルとプライベートホスピタルの格差 180
老人ホームをバングラデシュに 182
世界的に見てもハイレベルな日本の医療・介護 186
医療介護先進国は途上国の医療介護レベルを引き上げる義務がある 190
おわりに 193

第1章

増え続ける要介護者と不足する医療介護人材

超高齢社会　増え続ける要介護者

２００８年を境に日本の人口は減少の一途をたどり、高齢者の割合は増え続けています。２０２５年には団塊世代と呼ばれる１９４７〜１９４９年生まれの約８０６万人が後期高齢者となる見込みで、日本はこれまでに経験したことのないような局面に突入します。

内閣府の「令和5年版高齢社会白書（全体版）」によれば、２０２５年には75歳以上の後期高齢者人口が２１５５万人、65〜74歳の前期高齢者人口が１４９８万人に達すると推計されています。これは、国民の約３人に１人が65歳以上、約５人に１人が75歳以上ということを意味し、世界の国々と比較しても高い水準です。

65歳以上の高齢者の割合が人口の７％を超えた社会を高齢化社会、人口の14％を超えた社会を高齢社会と呼びます。高齢社会になると、医療・福祉業界の人材不足をはじめ社会保障制度の財政不足や経済活動の鈍化が問題になります。

高齢化の推移と将来推計

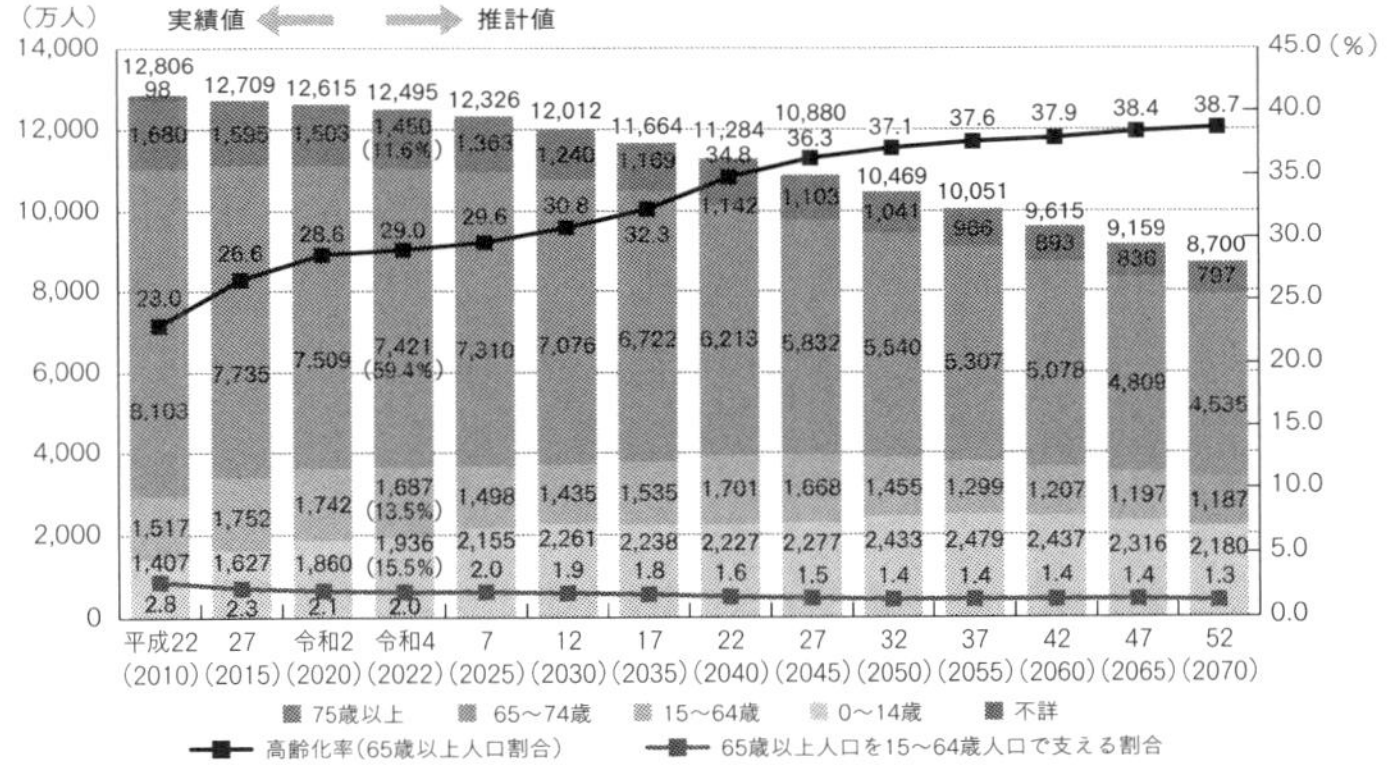

資料：棒グラフと実線の高齢化率については、2020年までは総務省「国勢調査」（2015年及び2020年は不詳補完値による。）、2022年は総務省「人口推計」（令和4年10月1日現在〈確定値〉）、2025年以降は国立社会保障・人口問題研究所「日本の将来推計人口（令和5年推計）」の出生中位・死亡中位仮定による推計結果

（注1）2015年及び2020年の年齢階級別人口は不詳補完値によるため、年齢不詳は存在しない。2022年の年齢階級別人口は、総務省統計局「令和2年国勢調査」（不詳補完値）の人口に基づいて算出されていることから、年齢不詳は存在しない。2025年以降の年齢階級別人口は、総務省統計局「令和2年国勢調査　参考表：不詳補完結果」による年齢不詳をあん分した人口に基づいて算出されていることから、年齢不詳は存在しない。なお、2010年の高齢化率の算出には分母から年齢不詳を除いている。

（注2）将来人口推計とは、基準時点までに得られた人口学的データに基づき、それまでの傾向、趨勢を将来に向けて投影するものである。基準時点以降の構造的な変化等により、推計以降に得られる実績や新たな将来推計との間には乖離が生じうるものであり、将来推計人口はこのような実績等を踏まえて定期的に見直すこととしている。

（注3）四捨五入の関係で、足し合わせても100.0%にならない場合がある。

出典：内閣府「令和5年版高齢社会白書（全体版）」

世界の高齢化率の推移

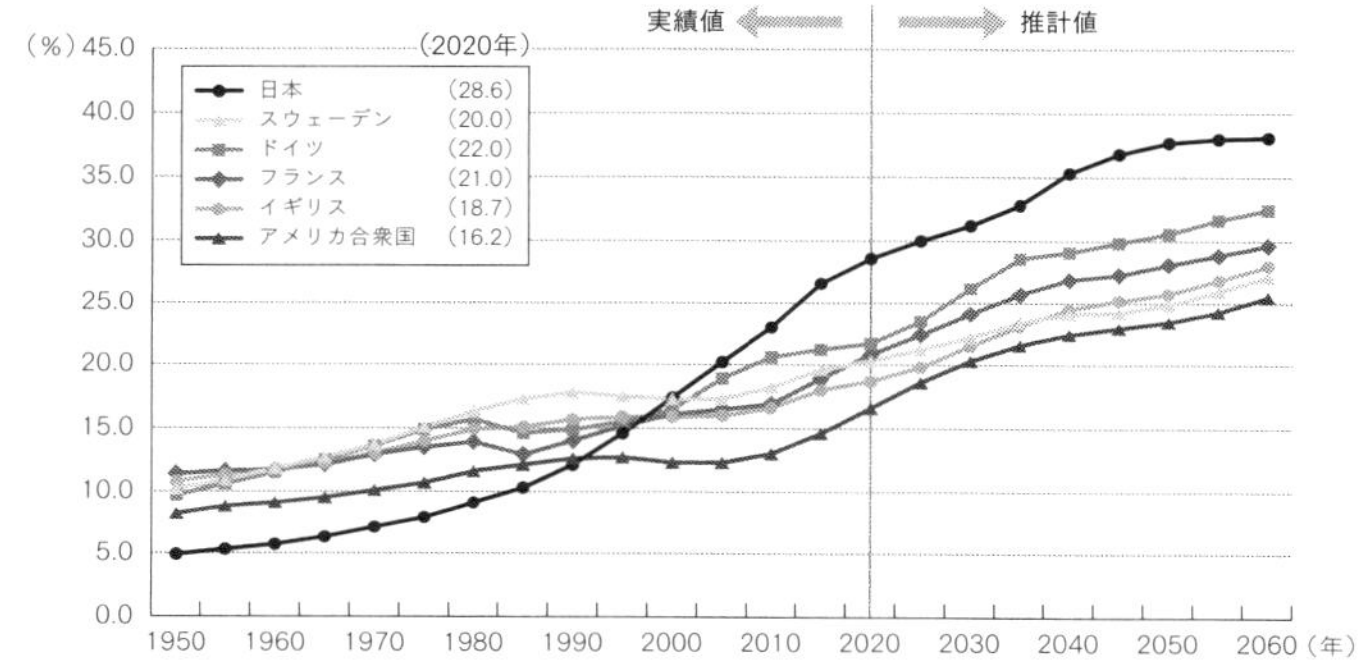

出典：UN, World Population Prospects:The 2019 Revision
ただし日本は、2020年までは総務省「国勢調査」、2025年以降は国立社会保障・人口問題研究所「日本の将来推計人口（平成29年推計）」の出生中位・死亡中位仮定による推計結果による

１９８０年代まで日本は先進国のなかでも高齢化率が低い国でした。それが１９９０年代には中位になり、２００５年には最も高い水準に達します。この日本の高齢化は先進諸国と比較するとかなりのスピードで進んできました。

高齢化率が７％を超えてから14％に達するまでの所要年数で比較してみると、フランスが１１５年、スウェーデンが85年、アメリカが72年、比較的短いイギリスが46年、ドイツが40年であるのに対し、日本は１９７０年に７％を超えてから24年後の１９９４年に14％に達しています。統計を見れば日本で急速に高齢化が進むことは容易に予想できたはずです

主要国における高齢化率が7％から14％へ要した期間

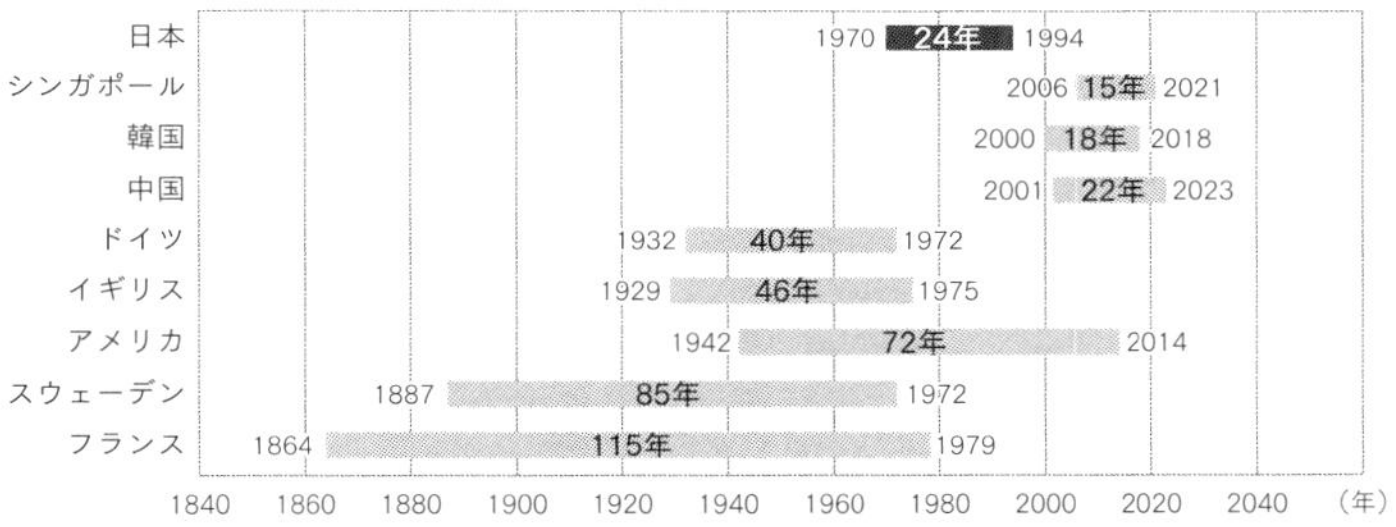

（注）1950年以前はUN, The Aging of Population and Its Economic and Social Implications (Population Studies, No.26, 1956)及びDemographic Yearbook, 1950年以降はUN, World Population Prospects : The 2019 Revision（中位推計）による。ただし、日本は総務省統計局「国勢調査」「人口推計」による。1950年以前は既知年次のデータを基に補間推計したものによる。

出典：国立社会保障・人口問題研究所「人口統計資料集」（2023年）改訂版

が、政府は効果的な対策をすることができないまま、高齢化率は間もなく30％に達しようとしています。

高齢者の数が増えれば、介護を必要とする人の数も増加します。「令和5年版高齢社会白書（全体版）」を見ると、介護保険制度において要介護、または要支援の認定を受けた人は、2020年度で668万9000人となっており、2010年度と比較すると、178万1000人も増加しました。

さらに年齢別に見ると、65〜74歳と75歳以上とでは要支援、要介護の認定を受けた人の割合が大きく異なります。65〜

74歳では要支援が1・4%、要介護が3%であるのに対し、75歳以上では要支援が8・9%、要介護が23・4%です。この数字からは、75歳以上になると要介護の認定を受ける人の割合が目立って増加することが分かります。国民の5人に1人が75歳以上となる2025年には、要支援・要介護の認定を受ける人は約815万人に達するとの経済産業省の試算もあります。

慢性的な人材不足で無理を重ねる介護の現場

要介護者が増えることが予測されているなか、介護の現場ではすでに人手不足が深刻な状態になっています。

介護保険制度が施行された2000年以降、介護職員の数自体は年々増え続けてきました。2000年には約55万人だった介護従事者は、2023年にはおよそ4倍となる216万人に達しています。しかしこれだけ増えているにもかかわらず、需要と

第８期介護保険事業計画に基づく介護職員の必要数について

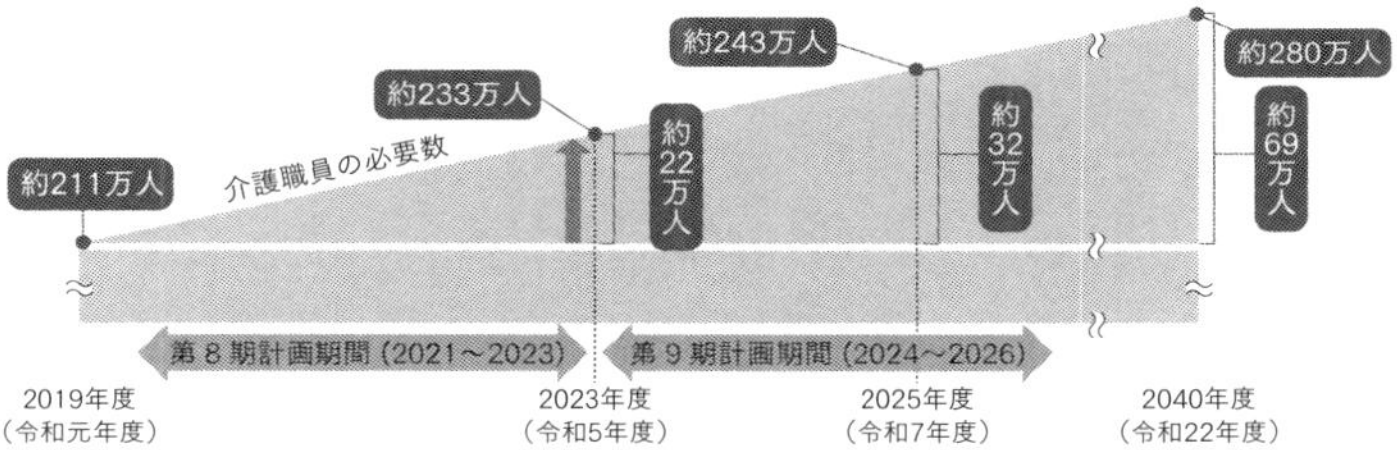

注１）2019年度（令和元年度）の介護職員数約211万人は、「令和元年介護サービス施設・事業所調査」による。
注２）介護職員の必要数（約233万人・243万人・280万人）については、足下の介護職員数を約211万人として、市町村により第８期介護保険事業計画に位置付けられたサービス見込み量（総合事業を含む）に基づく都道府県による推計値を集計したもの。
注３）介護職員数には、総合事業のうち従前の介護予防訪問介護等に相当するサービスに従事する介護職員数を含む。
注４）2018年度（平成30年度）分から、介護職員数を調査している「介護サービス施設・事業所調査」の集計方法に変更があった。このため、同調査の変更前の結果に基づき必要数を算出している第７期計画と、変更後の結果に基づき必要数を算出している第８期計画との比較はできない。

出典：厚生労働省「第８期介護保険事業計画に基づく介護職員の必要数について（令和３年７月９日）」別紙１

は釣り合っていないため、人手不足が解消されるめどは立っていません。

厚生労働省が発表した「第８期介護保険事業計画に基づく介護職員の必要数について」によると、団塊世代全員が後期高齢者となる２０２５年度には約２４３万人の介護職員が必要になるとされています。２０１９年度の時点で介護職員として働いていた人数を基準とすると、約32万人増やさなければならないのですが、現状では難しいといわざるを得ません。さらに２０４０年度の必要数は約２８０万人とされており、２０１９年度の人数から約69万人増やさなければなりませんが、今のペースでは非常に厳しい数字です。

介護人材が不足しているのは、新たな人材の確保に苦戦しているからだけではありません。介護職の離職率の高さも現場の人手不足に拍車をかけています。介護職の離職率は2007年度の21・6％をピークに、緩やかに下がってきました。以前に比べれば全産業の平均に近づいてきているのですが、それでも2022年度は14・4％で、低いとはいい難い数字です。

仕事の大変さに見合わない給与や職場の人間関係のトラブルなどにより、介護の仕事に就いても離職してしまう人は少なくありません。厚生労働省の「賃金事情等総合調査　賃金事情調査」によると、2022年度の調査対象全産業の平均勤続年数は17・3年です。これに対し、介護職員の勤続年数は介護労働安定センターの「介護労働実態調査」によると平均約8年となっています。

頻繁に人の入れ替わりがあれば、職員の教育に時間と手間を割かなければなりません。ただでさえ人手が足りておらず、それぞれのスタッフにかかる負担が大きいのに、さらに新しく入った職員の教育まで担うのは物理的にも心理的にも大きな負荷がかかります。職員のハードワークが続けば思わぬ事故を引き起こすことにもなりかねません。介護の仕事は人の命を預かる仕事です。安全な介護サービスを提供し続けるためにも、人材の確保は介護業界にとって急務なのです。

加速する介護スタッフの高齢化

介護現場で働くスタッフの平均年齢が高くなってきていることも問題になっています。２０２２年度「介護労働実態調査」によれば、介護職員、介護支援専門員（ケアマネジャー）、訪問介護員（ホームヘルパー）、看護職員、サービス提供責任者など介護労働者の平均年齢は50歳です。介護職員に限ると平均年齢は47・3歳と少し若くなりますが、「賃金事情等総合調査　賃金事情調査」では調査対象産業全体の平均である40・6歳と比べると年齢が高いことが分かります。

介護職員の年齢別の比率を見ると、45歳以上50歳未満が12・5％で最も多く、50歳以上55歳未満が11・7％、40歳以上45歳未満が11・6％、55歳以上60歳未満が9・9％となっており、全体の4割強を40代から50代が占めています。職員の年齢層が高くなってきているだけでなく、65歳を超える職員も増えてきており、65歳以上70歳未満が6・1％、70歳以上が4・9％です。

その一方で25歳未満は4・4％、25歳以上30歳未満が6・3％と割合が非常に少なくなっています。この数字からは、スタッフの高年齢化が進むと同時に、これから介護業界を担っていく若い人材の確保が十分にできていないことが分かります。

介護の仕事は3K（きつい・汚い・危険）などと揶揄《やゆ》されてきましたが、近年はさらに「給料が安い」を加えて4Kといわれることもあり、介護の仕事に就きたいと考える若者の数は残念ながら多くありません。また、高い志をもって介護の仕事に就いたとしても、給料が他業種と比較して低い傾向があるために、家庭をもつタイミングで収入面の不安から転職に踏み切る人もいます。また介護の仕事を長く続けても、介護の実務以外のビジネススキルを身につける機会が少ないことに不安を抱く人もいます。一般的なビジネススキルが身についていなければ他業種へ転職するにあたってのハードルは高くなります。つぶしがきかないという将来への不安から、早い段階で転職を考えるようになる人もいます。

今後さらに要介護者が増えていくにもかかわらず、若い世代から敬遠されて各年代からバランスよく人材が確保できないままでは、将来的に現場がさらに苦しい状況に陥るであろうことは想像に難くありません。

綻びが見え始めた地域医療のネットワーク

介護現場を支えているのは介護職だけではありません。医師や看護師といった医療スタッフの人手不足も進んでおり、さらには地域による格差も問題となっています。

まず、医師の数を都道府県単位で比較してみると、厚生労働省の「令和4（2022）年医師・歯科医師・薬剤師統計の概況」によれば、人口10万人あたりの医師数が最も多い徳島県では335・7人です。一方、最も少ない埼玉県では180・2人で、その差は2倍近い数字になっています。

また、僻地《へきち》よりも都市部に医師が集中しているというのはよくいわれることですが、人口10万人あたりの医師の数を比較してみるとその差は歴然としています。例えば、北海道全体では人口10万人あたりの医師の数は264・8人ですが、札幌市では353・6人です。この傾向は全国的に見られ、僻地では病院の運営が厳しくなり、地域医療が成り立たなくなるケースもあります。

医師だけでなく看護師の不足も深刻です。2022年度の看護師の有効求人倍率は2・2倍で、需要に対して供給が追いついていません。今後、団塊世代が後期高齢者となるにしたがって看護師の需要はますます高まり、看護師不足はより悪化すると考えられます。

厚生労働省の「令和4年衛生行政報告例（就業医療関係者）の概況」によれば、2022年に国内で就業している看護師数は131万1687人です。2020年の調査と比較すると、看護師の数は3万776人増加していることが分かります。看護師の数自体が増えていても現場では看護師不足が問題となる要因の一つとして、医療機関以外でも看護師のニーズが高まっていることが挙げられます。近年は病院内だけでなく、訪問看護などをはじめとして医療・看護の現場が地域に拡大しているのです。

これらに対応していくには、より多くの看護師が必要です。もし人数を確保できなければ看護師1人あたりの負担が増えることになります。現場の看護師が激務で疲弊していけば離職につながりかねません。それがさらなる人手不足を加速させるという悪循環を招いてしまいます。

看護師の数にも地域によって格差があり、同概況によれば、人口10万人あたりの看護師数は高知県が1685・4人で最も多く、鹿児島県が1504・9人、佐賀県が1468・9人となっています。これに対し、最も少ないのが埼玉県で744・2人、千葉県が796・2人、神奈川県が813・2人と続きます。九州や四国などはおよそ1200～1600人であるのに対し、関東地方や近畿地方などの都市部では1000人に満たないところが多いことが分かります。これは、都市部に病床数が集中しているため、そのぶん看護師の数が必要なのにもかかわらず、十分に看護師を確保できていないということです。

厚生労働省の「医療従事者の需給に関する検討会　看護職員需給分科会　中間とりまとめ」によると、2025年における看護師の需要推計は188万～202万人とされています。看護師の増え方が今のままだとすると、2025年の供給推計は

１７５万～１８２万人とされ、必要とされる看護師を確保するのは難しいと考えられています。

これから10年の介護業界の課題

危機的な状況におかれている介護業界において、これからの10年は課題が山積みです。深刻な人手不足にもかかわらず要介護者は増える一方であり、介護職のみならず医療スタッフの数にも余裕がない状態で、介護の現場を安全に回していかなければなりません。

そんななか、２０２４年の介護報酬の改定が行われました。介護職の賃金が低いことが人手を確保するためのハードルの一つになっていることは明らかですが、今回の介護報酬改定では介護報酬が引き上げられたといっても１・59％のアップにとどまっています。

6月には新処遇改善加算が施行され、介護職の賃金アップが期待されていますが、加算された分がそのまま介護スタッフの手に直接渡るわけでもありません。各事業所がそれぞれのスタッフに分配することになるため、事業所によっては働きぶりによって給与が上がる人もいれば、逆に下がってしまう人が出る恐れもあります。

スタッフの給与を上げるなら処遇改善加算を得たいところですが、そのためには必要な書類をそろえなければなりません。面倒な事務作業が増える割に給与は大して上がらず、現場に余計な負担がかかるだけということもあり得ます。

処遇改善加算の上位区分を算定するためには、満たさなければならない「職場環境等要件」が非常にたくさんあります。小規模な事業所への配慮や経過措置もあるとはいえ、ギリギリの人数のスタッフで現場を回しているような事業所であれば、定められた要件を満たすのはなかなか大変なことです。

日本全体で物価の上昇が進み、賃金がアップしている業界もあるなかで、介護業界に明るい未来が見いだせなければ、介護職から今以上に人が離れてしまうと考えられます。

しかし、介護サービスは簡単に止められません。特別養護老人ホームやグループホームは高齢者にとってかけがえのない終《つい》の住処《すみか》ですし、訪問介護やデイサービスは、在宅介護をしている家族にとっての生命線となっていることも少なくないからです。

要介護者が増加する一方で、減少する労働人口、なかなか上がらない介護報酬……。これらの逆風のなかでいかに介護人材を確保していくのか、特に若い世代のスタッフを継続的に採用できる仕組みをつくっていくかが、介護業界全体にとって今後10年の厳しい局面を乗り切っていくための重大な課題といえます。

第2章

日本の人手不足を解決し、途上国の医療介護レベルを底上げする「グローバル循環型」外国人介護人材活用とは

外国人介護人材が人材不足の解決の糸口となる

介護人材の不足が深刻になるなか、その有力な打開策の一つが外国人介護人材の活用です。日本国内で人材が確保できないのであれば、海外から新たに人を呼び込もうというわけです。

近年、日本では女性の社会進出や定年退職後の再雇用が進み、労働人口自体は増加してきました。ただ、労働人口自体は増えているものの、15～64歳の生産年齢人口はピークであった1995年から減少の一途をたどっています。特に若い世代の減少が進んでおり、新成人の数の推移を見てみると、2024年の新成人は106万人で総人口に占める割合は0・86％にまで落ち込んでいます。前年と比べても6万人減少しており、人数も割合も過去最低を更新しました。若者を採用して育てていきたいと考えても、そもそも若い世代の人口自体が少ないなかでは難しいという状況にあります。この傾向は少子化のために今後ますます進むことが予想されます。

そこで、日本政府は外国人介護人材の活用を推し進めようと、介護に関する在留資格を増やしてきました。

在留資格とは、外国人が日本に入国・滞在し、活動できる範囲を示したものです。そのため、合法的に日本に滞在しているすべての外国人はなんらかの在留資格を取得していることになります。在留資格には、就労が認められるものもあれば認められないものもありますし、就労の可否は活動内容によるものもあります。また、永住者や日本人の配偶者などの身分・地位に基づくものもあります。それらのなかで、介護人材に関するものは「介護」「特定技能」「技能実習」「特定活動（ＥＰＡ）」です。

在留資格は、一度取得すればよいというわけではありません。活動内容や身分が変わることがあれば、それに応じて在留資格を変更する必要が生じます。

例えば、日本の学校に入学した一般的な外国人学生の場合で考えてみると、学生として学校に通っている時点の在留資格は「留学」です。しかし、卒業して就労するようになったら「技能」に切り替えなければなりません。在留資格ごとに、従事できる業務内容が決まっているため、仕事の内容が多岐にわたるのであれば、それに合わせて在留資格を取得することになります。その後、もし経営者になることがあれば、「経営・管理」への切り替えが必要になりますし、日本への永住を決意したときに一定の要件を満たしているようなら「永住者」を取得することもできます。

介護の場合は特定活動のＥＰＡ（経済連携協定）に基づく外国人介護福祉士候補者として来日した人が、介護福祉士の国家試験に合格して在留資格「介護」に切り替えて就労したり、技能実習で来日した人が実習期間終了後に特定技能に移行したりといったケースがあります。

進む外国人介護人材の活用

現在、日本では介護業界のみならず、さまざまな業界で外国人材の受け入れが進んでいます。出入国在留管理庁の発表によると、２０２３年6月末の在留外国人数は３２２万３８５８人で、前年末に比べて14万８６４５人増えており、過去最高を更新しました。これまで日本が外国人労働者の受け入れに消極的だったことからすると、大きな変化です。

在留資格を持つ外国人は大きく2つに分けられます。日本に定住する人、そして、留学や就業のために一時的に日本に住むことを望んでいる人です。さらに、仕事のために一時的に日本に住むことを望む人のなかでも、専門知識や技術をもった高度人材と、低い賃金で単純労働に従事する単純労働者に分けられます。

日本はこれまで、基本的に単純労働者の移民は受け入れてきませんでした。なぜなら、賃金が安くても働きたいという外国人が大量に入ってくることで、国内で単純労働に従事している人が職を奪われることにもなりかねないと考えられていたからです。

また、外国人の労働者が低賃金でも働くことで賃金がさらに下がり、もともと単純労働で生計を立てていた国民の生活が立ち行かなくなる可能性も危惧されました。特に、求人数よりも労働者が多かった時代には、海外から安い労働力が入ってくることは脅威とされていました。そのため、日本政府は移民に対して厳しい姿勢をとってきたという経緯があります。

若年層の人口減少が進んでいる今、政策を転換して積極的に移民を受け入れるという手がないわけではありません。例えば、毎年20万人の移民を受け入れることで、たとえ合計特殊出生率が低下しても、労働人口の減少を補い、総人口を維持できる計算になります。しかし、外国人が増えると治安が悪くなるのではないか、外国人は日本特有の文化になじめないのではないかなどといった世論は今なお根強くあります。

ただ、このままでは生産年齢人口が減り続け、人材の確保が難しい状況が進むことは明らかです。特に介護業界においては、まさに今、人材の確保が急務となっています。

介護業界では外国人の活用が少しずつ進んでおり、どのくらいの外国人が介護職員として働いているかを在留資格別に見てみると次のとおりです。

①ＥＰＡ介護福祉士候補者：３２１５人（うち資格取得者６０６人）
※２０２４年２月１日時点（国際厚生事業団調べ）
②在留資格「介護」：８０９３人　※２０２３年６月末時点（入管庁）
③技能実習：１万４７５１人　※２０２３年６月末時点（入管庁）
④特定技能：２万８４００人　※２０２３年12月末時点（入管庁）

2008年からEPAの介護福祉士候補者の受け入れが始まり、2017年9月に在留資格「介護」が創設されました。以前は外国人が日本で介護福祉士の資格を取得しても、就労するための在留資格が必ず取れるとは限りませんでした。しかし、在留資格「介護」が新設されたことで、介護福祉士の資格を取得して働く外国人材は在留期間の更新回数の制限がなくなりました。家族の帯同も認められ、事実上の永住が可能になっています。

同じく2017年11月に技能実習制度において介護分野が創設され、私の運営する施設でもこれを機に外国人スタッフの受け入れを始めました。

介護に関わる4つの在留資格のうち、専門性や高い日本語能力をもつEPA介護福祉士候補者や在留資格「介護」の人材は人気があるのですが、母数が少ないのが実情です。一方、技能実習については人数を確保しやすいものの、実習計画にない仕事は頼めないなど、業務上の制約の多さが課題となっていました。

これらの課題を踏まえて2019年に介護業界の人手不足解消を目的として創設されたのが特定技能です。特定技能では従事できる業務の範囲が広く設定され、入職後すぐに人員配置基準に算定されるという利点もあります。さらに、国内在留者も受け入れの対象となるために、ここ数年で受け入れ人数が増えています。

増加する外国人の介護福祉士

介護に携わる外国人が増えているだけでなく、介護福祉士の国家資格を取得して介護職に就く外国人も増えています。出入国在留管理庁の調査によると、外国人の介護福祉士の数は2017年度の時点で約400人でしたが、2019年度には約1300人になり、さらに2022年度は約6900人に増えました。新型コロナウイルス禍の前後3年の間に5倍以上に増加したことになります。

外国人の介護福祉士がこれほど増えた要因の一つには、専門学校などの養成校で介護を学んでいた外国人留学生が、コロナ禍でも帰国せずに日本にとどまって勉強を続け、国家試験に合格したという事情があります。

外国籍労働者の受け入れ状況

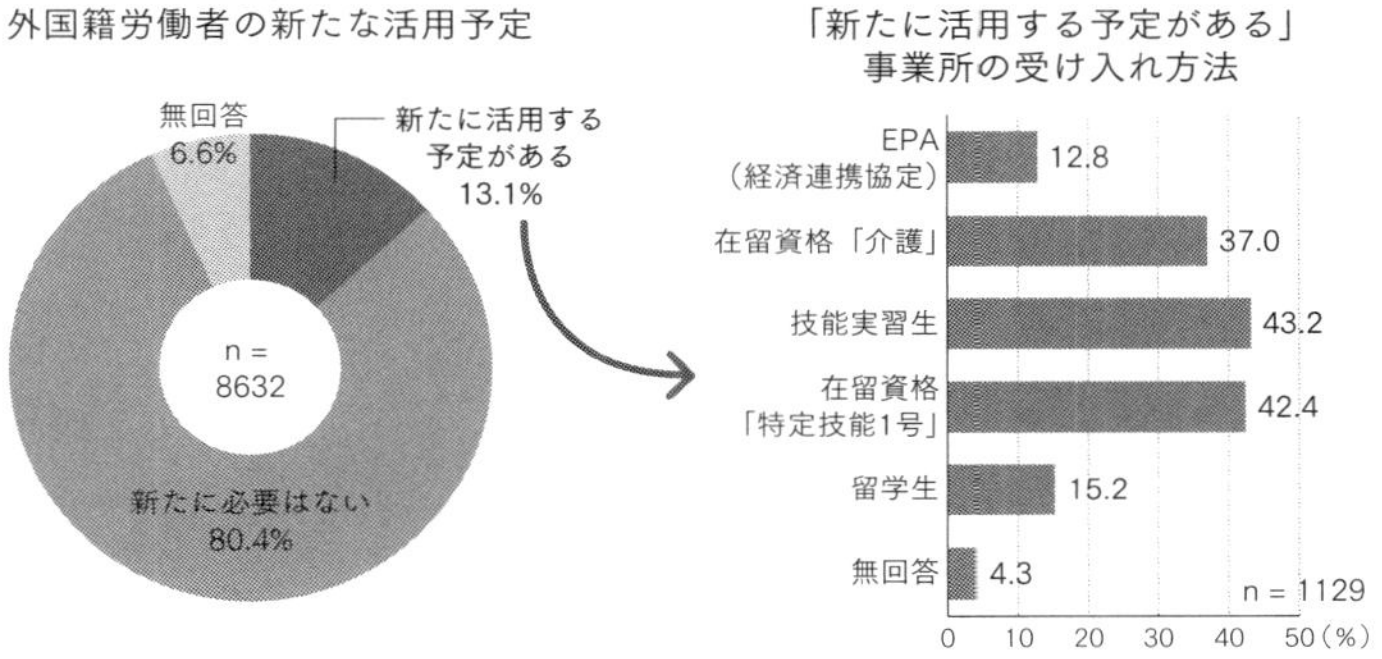

（注）四捨五入の関係で合計値は100にならない。

（注）受け入れ方法の回答は複数回答。

出典：介護労働安定センター「介護労働実態調査」（2022年度）

また、２０１７年から始まった技能実習「介護」を利用して来日した外国人介護人材が、国家試験の受験要件となっている「3年以上の就労・研修」を満たすタイミングを迎えて介護福祉士の試験に合格する人が増えたということもあります。

いずれにせよ、介護福祉士の資格を持っていれば手当がつく施設が多いため、外国から日本に働きに来ている介護人材は給与が増えることを期待して、熱心に資格試験に取り組む傾向があります。

こうして、まだ少ないとはいえ、外国人の介護福祉士をはじめとする介護人材が働く施設は少しずつ増えています。介護労働安定センターの「介護労働実態調査」（2022年度）によると、13・1%の事業所が外国人介護人材を受け入れていると回答しました。内訳としては、技能実習生が4・4%、在留資格「特定技能1号」が3・5%、在留資格「介護」が2・6%、EPAが0・7%です。

また、同調査で外国籍労働者を新たに活用する予定があるかを聞いた質問では、13・1%の事業所が「新たに活用する予定がある」と回答しました。内訳は技能実習生が43・2%、在留資格「特定技能1号」が42・4%、次いで在留資格「介護」が37%、EPA（経済連携協定）が12・8%となっています。介護事業所全体の数からすると、まだ割合が多いとはいえませんが、外国人介護人材の活用に踏み出すところが徐々に増えてきている状況が調査結果から見えてきます。

外国人介護人材受け入れの背景

外国人介護人材の受け入れが始まったのは2000年代にさかのぼります。日本は2008年にEPAに基づくインドネシア人介護福祉士候補者の受け入れをスタートし、2009年にはフィリピン、2014年にはベトナムからの受け入れも解禁しました。また2017年には在留資格「介護」が創設されたほか、技能実習制度に介護が追加されます。その後、2019年に出入国管理及び難民認定法（入管法）が改正されて、在留資格「特定技能」介護が新設されるに至りました。

2024年現在、外国人介護人材を活用するにあたってはこの4つの在留資格がありますが、このすべてが人材不足を補うためにつくられたものであったわけではありません。

4つの在留資格のなかで最初にスタートしたのがEPAに基づく介護福祉士候補者の受け入れです。この協定による外国人の介護福祉士候補者の受け入れは、あくまでも経済交流として介護分野において特例的に介護福祉士の候補者を受け入れるというものであり、介護業界の労働力不足の解決策として始まったわけではありません。

受け入れが始まった当時、介護福祉士候補者を送り出す側には、自国の人材を日本へ送り込みたいという目的がありました。というのも、2000年代後半のインドネシアやフィリピンでは国内の失業対策と外貨獲得の必要に迫られていたからです。そのため、国策として日本を含む諸外国へ向けて自国の労働者を積極的に送り出していました。

2014年から受け入れが始まったベトナムも同様です。ベトナムでは急激に人口が増加しており、失業対策に迫られていました。また、産業を整備していく際の技術移転や国民の所得増加などの目的で、国を挙げてこの制度を推し進めました。

EPAに基づく介護福祉士候補者の受け入れが始まった頃、介護福祉士候補者の送り出しに積極的だった国々とは対照的に、日本は受け入れに消極的でした。というのも、当時はまだ団塊世代が定年を迎える前で、国内の労働力が供給過多な状況にあったからです。そのため、高度なスキルを有する高度外国人材については歓迎する姿勢を示す一方、それ以外の人材の受け入れには及び腰でした。

当時、介護業界の人材不足が不安視されていなかったわけではありません。しかし、国内のほかの産業に従事する労働者が転職するなどして対応できるだろうという楽観的な見方がまだ優勢であり、あえて外国人を積極的に受け入れる必要はないとする声が大半でした。

しかし、2010年代に入ると状況が変わります。団塊世代の大量退職に加えて少子化も進行し、生産年齢人口の減少が深刻な状態になってきたのです。また、高齢者の数が増え続けることで介護ニーズが年々高まり、介護業界の人手不足はより深刻になっていきました。こうした状況のなかでも質の高い介護を実現するために、外国人介護人材の活用が推進されていくことになるのです。

EPAと同様、国際貢献の枠組みを利用しているのが技能実習制度です。これは開発途上国などの外国人を日本で最長5年間という期限を設けたうえで受け入れ、OJTを通して技能を移転するという制度です。入国直後の講習を受けている期間以外、技能実習生は受け入れ先と雇用関係にあり、労働関係法令等が適用されます。技能実習の制度自体は1993年に創設されていましたが、介護分野が追加されたのは2017

年のことです。

国際貢献を目的として創設されたこれらの在留資格に対し、明確に介護人材の確保を目的として打ち出されたのが在留資格「介護」です。これまでは、大学や専門学校などの介護福祉士養成施設の留学生が介護福祉士の資格を取得しても、必ずしも日本国内で介護業務に就くことができませんでした。せっかく日本で介護について学んでも、就労するための在留資格を得られないケースもあったのです。

この問題を解決し、介護分野において留学生に活躍してもらおうと、２０１７年に在留資格「介護」が追加され、介護福祉士としての業務に従事することが認められました。

在留資格「介護」では在留期間の更新が可能であり、更新回数に上限もないため、事実上永続的に働くことができます。また、家族の帯同が可能になったことで、家族と一緒に日本に住み、長く働けるようになりました。ＥＰＡ介護福祉士候補者などのほかの在留資格で滞在中に介護福祉士試験に合格した場合も、在留資格「介護」に移行することが可能です。

さらに、人材不足解消を目的として２０１９年に受け入れを開始したのが特定技能制度です。２０１８年に成立した改正入管法によって、専門性や特定の技能をもつ外国人を労働者として受け入れるためにつくられました。この特定技能という在留資格によって、国内の人材のみでは人手が足りないとされる12の分野で外国人の就労が可能となったのですが、そのうちの一分野として介護も認められたのです。

外国人介護人材受け入れについてのよくある勘違い

実際に外国人介護人材を受け入れようとすると、現場からは不安の声が上がってくることが予想されます。実際に私の経営する施設でも、現場の日本人スタッフは受け入れに際して「不安だらけだった」と振り返ります。

外国人スタッフを受け入れる際によくある心配ごとは、利用者や同僚とコミュニケーションがとれるのか、日本の文化や習慣になじめるのか、受け入れることで逆に現場の負担が増すのではないかといったものです。私の施設では心配の声が上がり、日本人スタッフが勉強会を開いて職員同士で情報を共有して対策を考えていました。
一方、外国人スタッフに話を聞くと、「日本に来て困ったことはなかった」と話しますます。しかし、母国を離れて慣れない環境のなかで苦労がまったくなかったはずはありません。

私の施設は岩手県にあるため、一年中温暖なミャンマーから来た外国人スタッフたちにとって、東北の冬の寒さは初めて体験するものでした。生まれて初めて本物の雪を見たと話してくれた人もいます。当初は防寒着の用意もしておらず、寒さや雪に慣れるまでには大変だったのではないかと思います。

また、日本語学校で習ってきた日本語と、施設の高齢者が話す方言の強い日本語とでは、語彙やイントネーションにおいて異なる点も多いため、コミュニケーションをとるうえでの苦労もあったはずです。

それでも、環境の違いにもすぐになじみ、言葉が完全には聞き取れなかったとしても元気で明るくニコニコして仕事に取り組む外国人スタッフたちは、利用者の方々からも愛され、現場の職員とも良好な人間関係を築いていきました。私たちが心配していた「言葉の壁」というのは思っていたよりももろく、崩すことのできるものだったのです。外国人スタッフたちは言葉の壁の問題のみならず、日本の文化や習慣にもすぐになじんで、今ではチームの一員として欠かせない存在となり活躍しています。

これは私の施設に限ったことではないことが、介護労働安定センターの「介護労働実態調査」（2022年度）からもうかがえます。外国人介護人材をなんらかの形で受け入れている事業所と受け入れていない事業所とで、外国籍労働者の働きに対する評価を聞いたところ、両者の意識には大きなギャップがあることが明らかになりました。

例えば、外国人スタッフを受け入れることで「労働力が確保できる」という項目に対して、外国人を受け入れていない事業所では「確保できる」と回答したのが約半数にとどまったのに対し、受け入れている事業所では8割以上が「確保できる」と回答しています。

ほかにも、「職場に活気がでる（活気がでると思う）」「利用者が喜んでいる（喜ぶと思う）」「業務が軽減される」といった項目で、外国人介護人材を受け入れたことがない事業所よりも、すでに受け入れている事業所のほうが良い評価をしています。

また、サーベイリサーチセンターによる調査（2023年）によれば、外国人介護職員との日本語による意思疎通の程度について、「話が伝わりにくいときはあるが、ゆっくり話せばおおむね伝わる」が47・1%、「問題なく伝わる」が40・7%となっており、言葉についても大きな問題がないことが分かります。

また、同調査では利用者が外国人介護職員から受ける介護サービスの満足度について、「十分満足している」が43・3%、「おおむね満足している」が44・4%となっています。利用者やその家族が外国人に介護されることに不満を抱くのではないかと事業所側が心配になることもあるかもしれませんが、この結果を見るとそれは杞憂《きゆう》であることが分かります。実際に私の施設でも外国人スタッフは利用者やその家族から大きな抵抗もなく受け入れられていきました。

外国人介護人材を活用している事業所では外国人スタッフによるメリットを感じているところが多いのに、いまだに外国人の採用を考えていないという事業所も少なからずあります。もし、人材が十分に足りていて、今後も安定して人材を採用できる見込みがあるのであればそれでも構わないと思います。しかし、すでに人材不足で困っているのなら、事業所の安定的な運営のために外国人介護人材の採用を前向きに検討すべきタイミングが来ているのだと私は考えます。

現場で活躍する外国人スタッフたち

私の経営する施設では、現在7人の外国人スタッフが働いています。実際にミャンマーから介護人材を受け入れてみると、現場で働きながらスムーズに業務を覚えていき、大きなトラブルもなくなじんでいきました。明るくハキハキしていて礼儀正しいので、利用者や利用者の家族からの評判もよく、みんなから愛される存在になっています。

ミャンマーは宗教面での慣習の違いがほとんどなかったことも、スムーズに現場になじめる要因の一つだったと考えられます。ミャンマー人の多くは敬虔《けいけん》な仏教徒ですが、服装や食習慣に特別な決まりはありません。さらには、現世で徳を積むことが大切だという仏教の教えが根付いており、困っているお年寄りに親身になって助ける介護の仕事はミャンマー人にとって人気の職種なのだそうです。

しかも、言葉の仕組みが似ており、日本語の習得がしやすいこともプラスの要因で

ミャンマー人のスタッフと日本人のスタッフ

した。ミャンマー語は日本語と同じように助詞を使って言葉をつないで文をつくりますし、語順も似ています。文法の習得にかかる負担が少なく、語彙を覚えていくことでどんどん話せるようになっていきます。そのため、日本語をマスターするまでの苦労が比較的少ないのです。

私の施設で受け入れた外国人のなかには、母国の家族の看病が必要になるなどして帰国した人もいますが、日本になじんで在留資格を「技能実習」から在留資格「介護」に切り替えて働き続けている人もいます。これまでには、実習生の親族が評判を聞いて新たに実習生として入ってくるということもありました。本人が働き続けてくれるだけでなく、身内が新たに働きに来てくれるということは、今の環境が本当に居心地よく、働きやすい証拠なのではないかと思います。

外国人スタッフは評価が高く良い刺激を与える存在

外国人介護人材の活用について、日本人スタッフからはおおむね好意的に受け入れられており、人手不足の日本の介護業界に働きに来てくれることに対して感謝しているスタッフも多くいます。また、単なる労働力として受け入れるのではなく、将来も介護業界で活躍できるようにという視点から教育にあたるスタッフもいます。私の施設で活躍する外国人スタッフたちは、日本人スタッフから高く評価され、現場にさまざまな良い刺激を与えてくれています。

これはほかの施設でも同様の反応であることが調査結果からも明らかになっていま

す。東京都高齢者福祉施設協議会の調査によれば、一緒に働く仲間として外国人職員をどのように評価しているかという質問に対して、「非常に高く評価している」「高く評価している」と回答した人が約8割に上りました。その主な理由としては、外国人スタッフが熱心で勤勉であること、前向きで明るいことなどが挙がっています。外国人スタッフの「声掛けの仕方が優しく、日本人の職員も学ぶべきことが多い」という声もありました。

また、一緒に働いて良かったこととしては、外国人スタッフが入ったことでほかの職員とのコミュニケーションが増えたことなどが挙がっています。日本人同士の会話だとニュアンスだけで成立してしまうことも多く、察することで言外のコミュニケーションが行われることも少なくありませんでした。しかし、そのスタンスで外国人と接すると、言わなくても分かってほしい日本人と、言われなければ分からない外国人との間ですれ違いが起こります。そのため、外国人スタッフが入ったことで暗黙の了解となっていたようなことも細かく説明するようになります。そうすると誤解なく伝わるだけでなく、自分自身やチームで曖昧になっていたことや不足していたことが明確になるというわけです。

外国人スタッフを受け入れる際、多くの施設では20代の外国人スタッフに対して年上の教育係がつくケースが多いと思われます。そのなかで、言葉の壁を乗り越えて前向きに頑張る外国人スタッフに対して、年下であっても「年齢に関係なく尊敬できる」と感じている日本人スタッフがいることは調査からもうかがえます。

なかには外国人と日本人との考え方の違いに触れることで、異文化に興味をもつようになったという人も見られます。「国が違ってもコミュニケーションをとれる」「外国人と一緒に働くことは問題ないということが分かった」などという声からは、受け入れ前に抱いていたコミュニケーションへの不安が見事に解消されている様子がうかがえると思います。

逆に困ったこととして挙がっていたのが、母国との文化の違いを理解してもらうのに苦労したことや、説明したことに対して「はい」と返事をしていても理解していないときがあることなどです。なかには言葉で説明しようとしても思うように伝わらず、もどかしさを感じたスタッフもいたことがうかがえます。

私の施設では、ミャンマー出身のスタッフに2人一組で行動してもらったことで、どちらか片方が理解できれば、ミャンマー語で内容を訳してもらっていました。同じ国出身のスタッフが増えていくことで、新たに入ってきた外国人スタッフに母語で説明できるようにもなり、言語の違いのハードルはどんどん低くなっていきます。

また、「はい」と返事をしたからといって、分かっていない場合があるのは日本人も同じです。相手の様子を見て、分かっていないかもしれないと思ったら内容を自分の言葉で言ってもらって確認するなどしていくと、この問題も解決します。

また、調査結果では「記録の記入や委員会等の部分で、日本人職員の負担が重いように感じている」という声もありました。記録については、外国人にも使いやすいソフトを導入するなどの工夫をすることができますし、委員会等については施設内で委員会のあり方を検討するなどして調整していくこともできるはずです。

外国人スタッフが入ったことによって明らかになった課題は、外国人のみならず日本人スタッフも働きやすくなるように現場を変えていくヒントでもあります。

外国人スタッフが介護現場にもたらした変化

外国人スタッフを受け入れると、現場にはさまざまな変化が起こります。日本人スタッフ側が学ぶことも多く、海外の福祉のあり方に興味をもつようになるスタッフもいますし、文化の違いや価値観の違いを知ることで自らの学びになると感じる人もいます。コミュニケーションの量が増え、職場の雰囲気がとても良くなったという声も聞かれました。

私の施設では外国人スタッフを受け入れたことで業務の見直しが進みました。そのきっかけになったのが、外国人に仕事を教えることを想定した業務マニュアルの見直しです。ただでさえ言葉の面での不安がある外国人スタッフに教えるにあたって、人によって教え方が違うようでは混乱を招く可能性があります。特に長く働いているスタッフは、基本的な業務のやり方を理解したうえで自分流にアレンジを加えていることもありました。そこで、既存のマニュアルをベースに、外国人が読んでも誤解なく伝わるようにマニュアルを改訂し、職員で共有しました。業務の目的や考え方、手順などを、誰が見ても誤解のないように整えていったのです。その過程で各業務の本質を再確認し、無駄が省かれていきました。

外国人スタッフにとって分かりやすいマニュアルを作成しておくことは、新たに入ってくる日本人スタッフの教育においても有益です。外国人スタッフの受け入れを機に、現場の教育力は確実に向上したといえます。

また、外国人スタッフの仕事への姿勢に、日本人スタッフのモチベーションが上がったという変化もありました。外国人スタッフが慣れない環境のなかでも笑顔を忘れずに頑張る姿に心を打たれ、「自分も頑張ろう」と気持ちを新たにしたというスタッフも少なくありません。そして、そんなうれしい変化があったのは、私の施設だけではないはずです。

外国人スタッフたちは、一生懸命働いて母国の家族を助けたいという気持ちから「休みはいらないので、もっと働かせてください」などと言ってくることもあります。もちろん休日・休暇はきちんととってもらいますが、外国人スタッフたちのハングリー精神は日本人にないものを気づかせてくれます。

このように、外国人スタッフを受け入れたことでチームの教育力がアップし、さらには日本人スタッフの士気を上げることにもつながりました。

現場のスタッフに話を聞くと、外国人スタッフに仕事を教えるために自分たちの仕事を見直し、伝え方を工夫するようになったことで自身の仕事への向き合い方が変わったといいます。外国人スタッフにも伝わるような説明を心がけることで、各業務の目的に立ち返り、日々の業務への理解が深まり、それが業務の質の向上にもつながると考えられます。

育った国は違っても心は通い合う

仕事にも慣れて余裕が出てきた外国人スタッフが利用者と楽しそうにコミュニケーションをとっている姿を見ると、育った国は違っても心は通い合うものだと実感します。外国人スタッフはまるで家族と接するかのように、心をこめて介護をしています。たとえ言葉が完全に理解できなかったとしても、それは介護現場における意思の疎通には大した障害にはならないのだと思わされます。

時には利用者側が外国人スタッフのことを気遣っている姿を見ることもあります。ちゃんとご飯を食べているのか、母国の家族は元気にしているかなど、利用者は外国人スタッフに対して、いとしい孫に接するような気持ちで接しているのではないかと思います。

また、教育係の職員と外国人スタッフとの関わり方を見ていても、同様に感じる瞬間があります。教育係の職員たちは、時には上司として、また時には母のような慈愛に満ちたまなざしで外国人スタッフたちを見守り、サポートしています。そんな教育係を、外国人スタッフたちが心から信頼していることは、傍目《はため》にもはっきり分かるものです。

受け入れにあたっては、教育係として3人の職員がシフト制で常にいる状態をつくり、連携しながら指導にあたれるように体制を整えました。外国人スタッフを受け入れる前、現場の職員たちは外国人に対してどのように接すればよいのかまったく分か

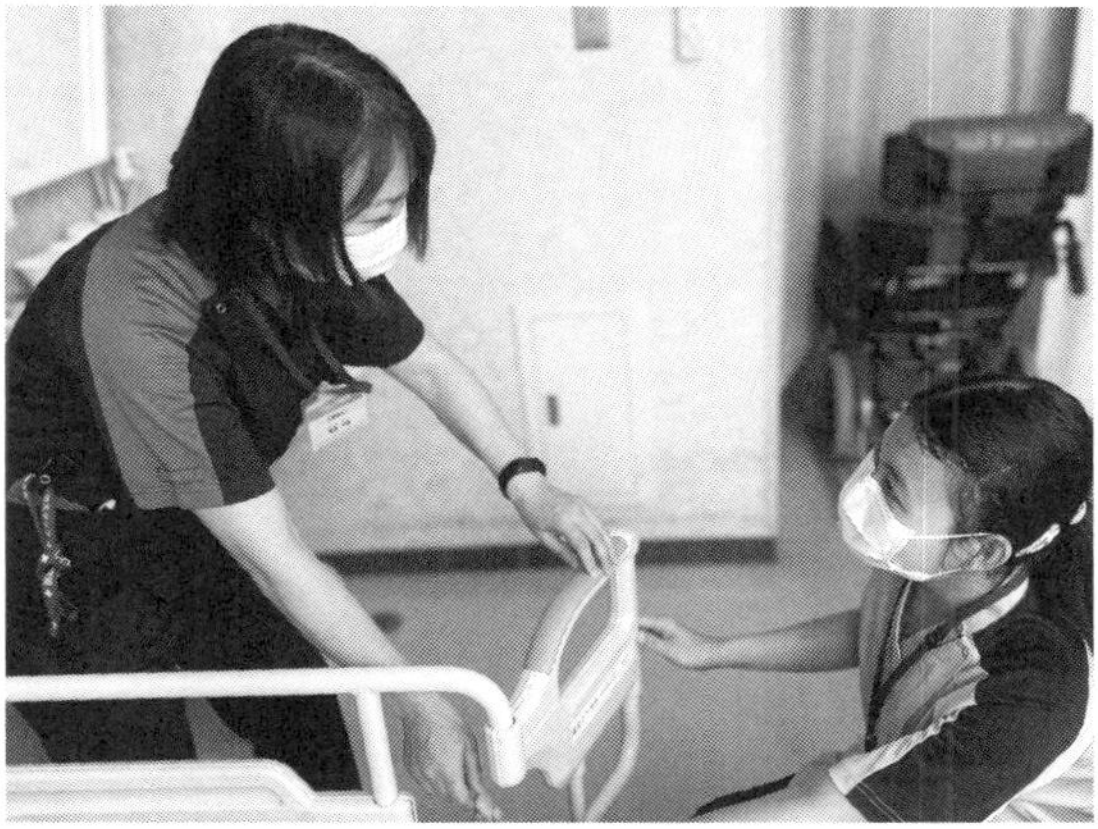
スタッフ同士でコミュニケーションを重ねる

らない状態でした。そのため、ミャンマーとはどんな国なのかという勉強会を開いて情報を共有したり、外国人スタッフとのコミュニケーションを円滑にするためにはどのようなことに気をつければよいかといった内容の研修を行ったりして、準備を進めました。

ただ、どんなに情報を集めたところで、日本人スタッフにミャンマーの文化を完全に理解することはできませんし、する必要もないと私は考えています。というのも、相手を尊重し、一対一のコミュニケーションを重ねていくなかで信頼関係が築かれていく様子を目の当たりにしたからです。20代前半の外国人スタッフたちと40代の教育係たちの間柄は上司と部下でありながら、時には親子のように、時には友人同士のように、何かあったときには相談できる関係が構築されていました。実習生たちが来日当初を振り返って「困ったことは特になかった」と言うのは、教育係の職員をはじめとする日本人スタッフの細かな心遣いがあったからこそではないかと私は考えています。

教育係の職員たちは、業務をひととおり教えると必要以上に口を出すことはせず、外国人スタッフが困っている様子を察知したら、さりげなく声を掛けてサポートに入っていました。

生活面のサポートについても同様です。外国人スタッフたちは自分が稼いだお金からほんのわずかな生活費だけを手元に残し、ほとんど母国に送金してしまいます。それを見て、ちゃんとご飯は食べているのか、日本の寒い冬に備えて防寒着を準備できているのだろうかなどと気にかけ、実習生たちの負担にならない絶妙な力加減で世話を焼いていました。

教育係以外にも、自宅の畑でとれた野菜をお裾分けしていた職員もいますし、交通手段が自転車のみの外国人スタッフたちを自家用車で観光に連れていってくれた職員もいます。これらは田舎ならではの関わり方なのかもしれません。しかし、都市部であったとしても、ほどよい距離感で見守り、困っているようならすかさず手を差し伸べるという姿勢でサポートすることは、外国人スタッフたちが日本で働き続けていくための大きな助けになるに違いありません。

外国人材を日本で育てても母国での活躍の場がなかった

外国人スタッフは現場で真摯に仕事に取り組むだけでなく、介護福祉士の資格取得に向けて熱心に勉強する人も少なくありません。多くの外国人介護人材は20代前半で来日し、介護の知識や技術を貪欲に吸収していきます。

施設側も受け入れにあたってさまざまな準備をし、時間や手間をかけて仕事を教えていきます。そうやって一生懸命に育てたとしても、国際情勢の変化によって帰国することを選ぶ人もいれば、自身の結婚や家族の看病などの都合で母国に帰ることになる人もいます。

そうやってなんらかの事情で帰国することになった場合、これまでは身につけた介護の知識や技術を活かせる場がありませんでした。東南アジアの国々には介護施設がまったくないわけではありませんが、まだまだ在宅での介護が一般的です。そのため、介護施設の数はごくわずかです。介護施設に入るのは身寄りがない人や介護してくれる人がいないケースがほとんどで、介護施設に身内を入れるのは「かわいそう」と見られがちです。そのため、家族が介護を必要とする状態になったとき、そもそも介護サービスを利用しようという発想に至らないこともあります。

私の施設で働く外国人スタッフと、もし帰国したらどんな仕事をしたいかという話になったときのことです。あるスタッフは「母国に帰ったら、レストランを開きたい」と教えてくれました。もちろん、本人がやりたいことをやるのが一番ですが、そのスタッフの場合は、母国で介護の技術を活かして次のキャリアを考えるという発想自体がまったくないようでした。これは特別なケースではありません。もし、外国人スタッフたちの母国に介護施設をつくって介護サービスを根付かせることができれば、母国でも介護の仕事をするという選択肢も自ずと出てくるようになるはずです。

せっかく苦労して介護の知識や技術を学ぶのですから、数年間の期間限定でお金を稼ぐためのものとしてだけでなく、帰国してからも長く活かせるスキルとして学ぶことができれば、本人にとってもプラスになるはずです。

「グローバル循環型」こそ、外国人介護人材活用の最適な型

外国人介護人材は、人手不足の日本の介護業界にとってありがたい存在です。若くて労働への意欲も高く、コミュニケーションの面でもほとんどの人が問題なくなじんでいきます。だからといって、私は実習生たちをただの労働力としては見ていません。いずれは日本と母国の懸け橋として、両国の介護サービスの質を高めていくのに不可欠な存在だととらえています。

今後、外国人介護人材の母国である東南アジアの国々でも急速に高齢化が進んでい

くことが予想されています。まだ在宅介護が当たり前の国で平均寿命が延びていけば、当然ながら介護の負担を家庭内で受け止めきれずにトラブルが出てくる可能性が十分に考えられます。介護の知識や技術を持ち合わせていない人が、24時間体制でケアをするのは本当に大変なことです。家庭内での虐待や老老介護の果ての殺人や無理心中など、痛ましい事件は日本中で起こっています。今後、東南アジアの国々でも同様の悲劇が起こりかねません。

そんな事態を防ぐためにも、私は介護サービスが浸透していない国に介護施設をつくって介護サービスを根付かせていくことを目指し、海外に介護施設の建設を進めてきました。外国人介護人材が日本で最新の介護技術を学び、母国に帰ってからその技術や知識を活かして活躍することができれば、日本の高い介護技術をそのまま海外に移転することができます。

また、日本で介護技術を身につけて帰国し、より高い給料を得て働く人たちの姿は、海外に働きに出ようと考える人たちの目に魅力的に映るはずです。日本で単なる労働力として使われるのではなく、将来は母国で介護の知識や技術を活かして活躍できるというキャリアビジョンが見えれば、働く本人たちの技術習得へのモチベーションも高まると考えられます。海外からやる気のある若者が集まってくれれば、日本の介護サービスもより高い質を保ち続けていくことができるに違いありません。

そうやって日本と海外との間で人材が循環し、双方の介護サービスのレベルが高まっていくグローバル循環型の人材活用こそが、今の日本の介護業界の窮地を救い、将来の東南アジアの社会問題を未然に防ぐ手立てだと私は考えます。

介護業界の苦境の実質的なピークはこの10年だろうと私は予想しています。その後、慢性期医療や介護の国内ニーズは減っていき、なんの手も打ってこなかった病院や介護施設は経営が成り立たなくなるところもたくさん出てくるはずです。この10年の間に海外人材の活用を進めると同時に、積極的に海外へ介護事業を展開していくことは、日本の病院や介護施設の生き残りのための一手でもあります。

母国に帰っていきいきと働くスタッフの姿が新たな人材の呼び水となる

今後、外国人介護人材の母国に介護施設ができれば、帰国後も介護のスキルを活かして活躍することが可能になります。日本で介護を学んで母国で活躍する人の存在が身近にあれば、現地の若者たちのなかにも日本語を習得して日本で介護を学びたいと考える人が増えてもおかしくありません。

私がミャンマーに建てた日本語学校では、若者たちが日本語を一生懸命学んでいます。若者たちはやっとの思いで学費を捻出し、日本に働きに行って家族の生活を助けたいとの一心から頑張っています。

今、そうやって勉強に打ち込んでいる最中の若者たちは目先のことで手いっぱいかもしれません。これまで、若者たちは技能実習生として5年間という実習期間に日本で働きながら技術を学んでも、そのあとに帰国するなら母国では別の仕事に就くという選択肢しかありませんでした。しかし、日本へ働きに来る若者たちの母国に介護施設を増やすことができれば、母国でも介護の仕事を続けることができます。日本で最新の介護技術を身につけることで、自分のライフステージに合わせて日本で働くのか母国で働くのかを選ぶこともできるようになります。人生は技能実習生として日本で働く期間よりも、その後のキャリアのほうがずっと長いのです。

例えば、20代前半に日本にやって来て介護技術を学んだ若者が、20代後半に結婚して配偶者の都合で帰国することになったという場合、今までは介護の仕事のキャリアはそこで途絶えてしまっていました。しかし、母国に介護施設があれば、母国でも介護の仕事を続けるという道を選べるようになります。また、日本で介護の仕事に就いていたものの、家族の介護のために帰国しなければならなくなったというケースであれば、日本で身につけた介護技術を活かして家族の介護を受け持つこともできます。そして親の介護が一段落したら、また介護の現場に復帰するという選択もあります。

そうやって柔軟に自分のキャリアを考える姿勢が浸透すれば、より多くの若者が日本語を学び、日本で働きながら介護の技術を身につけることに意義を見いだすことができます。

さらに、介護の知識や技術をもつ人が増えることで、在宅介護のトラブルの削減にもつながる可能性が考えられます。介護の文化がない国では、介護を各家庭において手探りでしていかなければなりません。我流の介護では、適切な介護ができているとはいい難いこともあります。しかし、コミュニティに介護の知識や技術を身につけた人がいれば、在宅で介護をしている人に正しいケアができるようにアドバイスをすることができます。介護の技術を身につけた人材が循環することで、コミュニティ全体の介護のレベルが底上げされ、多くの人の幸せにもつながります。グローバル循環型の人材活用を進めることは、今人材不足に苦しんでいる日本の介護業界にとって救いの一手になるだけでなく、外国人スタッフ本人や家族、そして彼らの母国を幸せにすることにもなるのです。

介護途上国の若者たちが介護の意義について実感をもって理解し、日本で介護のスキルを身につけることが自分の人生を豊かにすると気づけば、より多くの若者が日本を働く場として選んでくれるようになるだろうと私は考えています。

第3章

「グローバル循環型」を実現するための第一歩 外国人介護人材の受け入れ体制を整える

外国人介護人材受け入れの4つの仕組み

外国人介護人材の採用を考えるにあたって、まずは外国人介護人材の受け入れの仕組みにはどんなものがあるのかを知っておく必要があります。2024年現在では次の4つの在留資格があり、制度ごとに目的や条件が異なります。

①EPA介護福祉士候補者
②在留資格「介護」
③技能実習
④特定技能

採用するにあたっては、施設としてどのような課題があるのか、その課題を解決するためにどのように働いてもらいたいのかをよく検討したうえで、どの在留資格の人

外国人介護人材受け入れの仕組み

	概要	介護福祉士資格の有無	働ける期間	母国での資格や学習経験	日本語能力の目安	受入調整機関等の支援	就労可能なサービス種別の制限
EPA	EPA(経済連携協定)に基づく外国人介護福祉士候補者の雇用	資格なし ただし、資格取得を目的としている	資格取得後は永続的な就労可能 一定の期間中に資格取得できない場合は帰国	看護系学校の卒業生 or 母国政府により介護士に認定	大多数は、就労開始時点でN3程度（※3） 入国時の要件はインドネシア：N4以上、フィリピン：N5以上、ベトナム：N3以上	あり JICWELSによる受入調整	制限あり 介護福祉士の資格取得後は、一定条件を満たした事業所の訪問系サービスも可能
介護	日本の介護福祉士養成校を卒業した在留資格「介護」を持つ外国人の雇用	介護福祉士	永続的な就労可能	個人による	一部の養成校（※4）の入学要件はN2程度	なし	制限なし
技能実習	技能実習制度を活用した外国人(技能実習生)の雇用	資格なし ただし、実務要件等を満たせば、受験することは可能	最長5年（※1, 2）	監理団体の選考基準による	入国時の要件はN4程度	あり 監理団体による受入調整	制限あり 訪問系サービスは不可
特定技能	在留資格「特定技能1号」を持つ外国人の雇用	資格なし ただし、実務要件等を満たせば、受験することは可能	最長5年（※1, 2）	個人による	入国時の要件は ・ある程度日常会話ができ、生活に支障がない程度の能力 ・介護の現場で働くうえで必要な日本語能力	あり 登録支援機関によるサポート	制限あり 訪問系サービスは不可

※1：ただし、介護福祉士を取得すれば、在留資格「介護」を選択でき、永続的な就労が可能
※2：3年目まで修了した技能実習生は、「特定技能1号」に必要な試験が免除される（在留資格を「特定技能1号」に変更した場合、技能実習と特定技能をあわせて最長10年となる）
※3：インドネシア・フィリピンの入国時の要件はN5程度だが、インドネシア人およびフィリピン人候補者の約90%が、6カ月間の訪日後日本語研修終了までにN3程度の日本語水準に到達（平成30年度実績に基づく）
※4：「一部の養成校」とは、留学生の入学者選抜において、日本語能力試験JLPTでN2以上に合格、もしくは日本語試験でN2相当以上と確認できることを要件としている介護福祉士養成校のことを指す

出典：厚生労働省「外国人介護職員の雇用に関する介護事業者向けガイドブック」

材を採用するのかを考えます。

①ＥＰＡ介護福祉士候補者

経済連携協定（ＥＰＡ：Economic Partnership Agreement）は、国と国との経済連携を図り、ヒト、モノ、カネなどの交流を通じて親密な関係を築くための協定です。このＥＰＡに基づいて、日本の介護施設で就労と研修を重ね、介護福祉士の資格を取ることを目指す外国人を「ＥＰＡ介護福祉士候補者」と呼びます。

介護業界の人材不足を改善するためにも一役買っているＥＰＡ介護福祉士候補者ですが、本来の目的は経済活動を通じて国同士の連携を強化することです。結果的にそれが日本の人材不足を補うことにも役立つということになります。

ＥＰＡ介護福祉士候補者が来日して介護福祉士の資格を取得するにあたっては、国ごとの条件と、定められた日本語能力の基準を満たさなければなりません。

インドネシア、フィリピン、ベトナムいずれの国のＥＰＡ介護福祉士候補者においても受け入れ施設での業務研修を行うことになりますが、その際は次に挙げる施設が対象となります。

- 特別養護老人ホーム
- 介護老人保健施設
- 介護老人福祉施設
- 介護療養型医療施設
- 障害者施設
- デイサービス
- 短期入所
- 養護老人ホーム

介護福祉士候補者たちは、入国してから4年目に介護福祉士の国家試験を受験します。合格すれば在留期間を更新しながら永続的に働くことができますが、不合格の場合は帰国しなければなりません。ただし、4年目の受験で不合格になってしまった場合は、さらに1年間の期間の延長も認められています。

介護福祉士の筆記試験を外国人が受験する場合、日本語の読み書きが大きなハードルとなることもあります。そのため、EPA介護福祉士候補者が受ける場合には、問題用紙には漢字にふりがなをつけることや、筆記試験の時間を、1・5倍まで延長できるといった特例が認められています。

日本語能力試験は外国人介護人材が日本で働こうとするときの日本語レベルの条件としてよく用いられます。この試験ではN1～N5の5つのレベルが設定されており、最も易しいのがN5で、数字が小さくなるにしたがって徐々に難易度が上がります。

近年の試験の状況を見てみると、2024年に実施された第36回介護福祉士国家試験では日本人を含めた全体の合格率は82・8%でした。EPA介護福祉士候補者の合格率は43・8%で、単純に合格率だけを比較すると2倍ほどの差があります。しかし、EPA介護福祉士候補者の受験者のうち初回受験者に絞ってみると、その合格率は87・1%であり、非常に健闘していることがうかがえます。

国別に合格率を比較してみると、フィリピンが21・3%、インドネシアが22・2%であるのに対し、ベトナムが86・4%と非常に高くなっています。その理由としては、入国時の日本語レベルの基準が、フィリピンがN5以上、インドネシアがN4以上であるのに対し、ベトナムはN3以上と高く設定されており、この日本語力の差が有利に働いているためだと考えられます。

N4とN5の試験では、主に教室内で学ぶ基本的な日本語をどのくらい理解できるかが問われます。N1やN2になると、実際の生活を想定した幅広い場面において、日本語をどのくらい理解できるかが試されます。

ベトナムがEPA介護福祉士候補者に課しているN3というのは、教室で学ぶ日本語をマスターし、さまざまな場面での応用ができるくらいの日本語力があるレベルです。

このようにEPAでは国籍によって日本語レベルや学習範囲が異なるほか、就労までの流れにも違いがあります。看護学校卒業・母国の介護士認定などの要件をクリアするところまでは同じですが、ベトナムでは訪日前の日本語研修が12カ月にわたって行われ、この時点でN3以上の合格が必要です。そのため、ベトナム人の場合はN3以上を取得してから面接という流れになります。これに対し、インドネシアやフィリピンはこの時点で日本語に関しての学習の機会は設けられておらず、先に面接となり

国ごとのEPA看護・介護福祉士候補者の就労の流れ

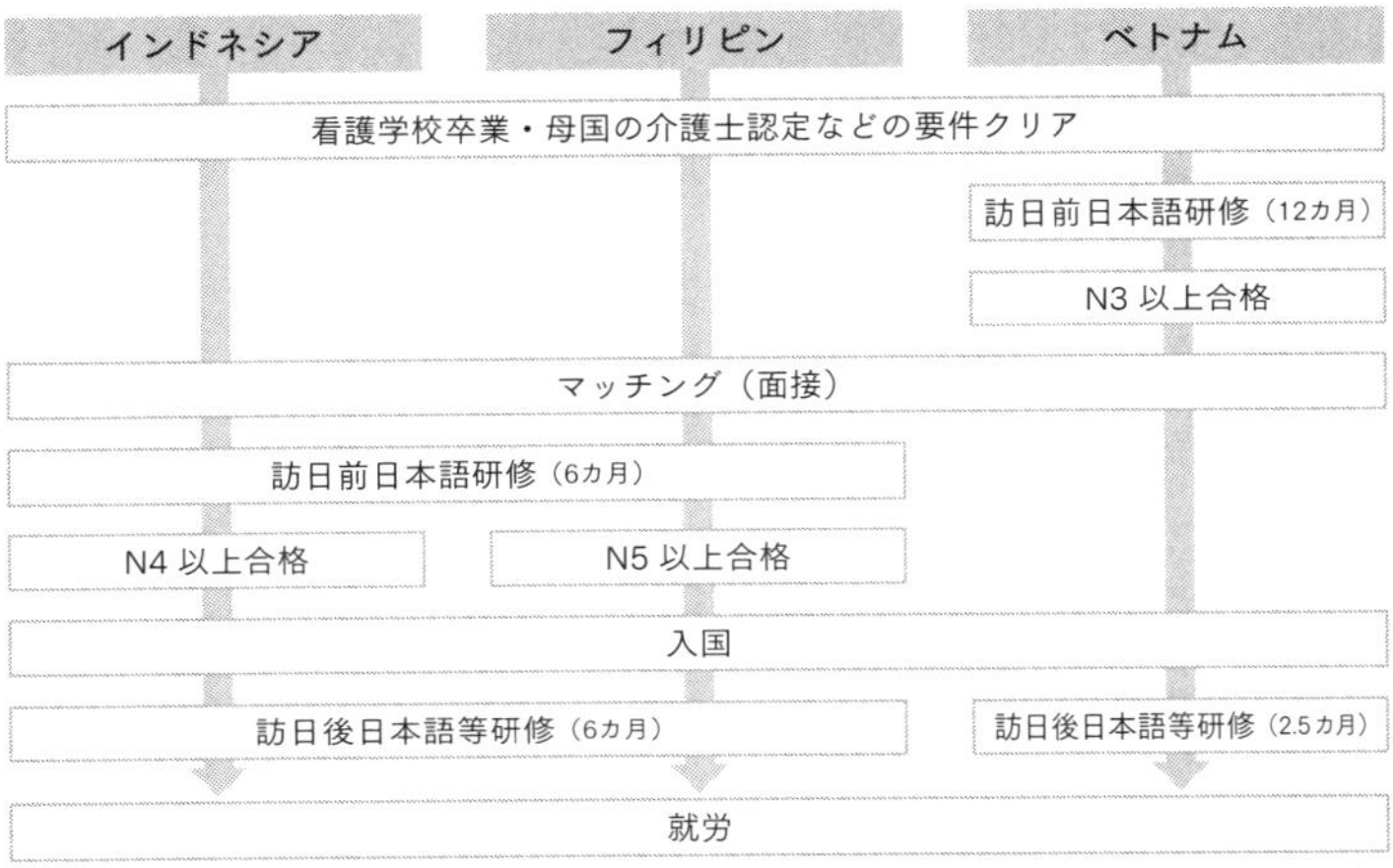

出典：ウィルオブ採用ジャーナル「【EPA・留学・在留資格「介護」編】介護分野の外国籍雇用ガイド②」

2022年7月実施分の合格率

	N1	N2	N3	N4	N5
国内受験者の合格率	24.3%	26.4%	42.0%	38.5%	63.4%
海外受験者の合格率	35.1%	47.1%	51.0%	48.3%	53.4%
国内・海外合計	30.2%	37.3%	47.0%	45.6%	54.1%

出典：日本語能力試験JLPT「過去の試験のデータ（2022年第1回〈7月〉データ）」

ます。そのあとに訪日前の日本語研修が6カ月行われ、インドネシアはN4以上の合格、フィリピンはN5以上に合格すれば日本へ入国となります。

入国後にベトナムは訪日後日本語等研修が2・5カ月、インドネシアとフィリピンは6カ月行われて就労となります。このように各国で違いがあるので、出身国によって日本語レベルにはどうしてもばらつきが出ます。

また、日本に入国するまでの期間や入国から就労までの期間がそれぞれ異なるので、面接によるマッチングから受け入れまでのスケジュールが異なることも知っておかなければなりません。

EPAでの採用を検討する場合は、まず国際厚生事業団（JICWELS）への求人申請登録をする必要があります。JICWELSは、日本で唯一EPAの受け入れ・斡旋《あっせん》を行っている機関です。そのため、候補者との面接はJICWELSの紹介を通じて行うことになります。

EPAの介護福祉士候補者たちは国家試験に合格することが目標となっているため、採用後には学習支援をしなければなりません。国家試験のための専門的な勉強はもちろん、受験に必要となる日本語の読み書きのスキルを上げることも必須です。

介護福祉士候補者というのは、言い換えれば介護福祉士の資格を取得して日本で長期的に働くことができる可能性の高い人たちということです。また、現地の看護学校を卒業していたり、介護士認定を受けていたりすることが条件になっており、技能実習などに比べて知識や経験があることもメリットです。そのため、候補者数に対して採用を希望する施設の数が多く、マッチングにすら至れないこともあります。

②在留資格「介護」

在留資格「介護」とは、２０１７年9月に新設された在留資格で、介護福祉士の国家試験に合格した外国人の就労を目的としています。出身国にかかわらず、日本の指定された介護福祉士養成施設を卒業して介護福祉士の国家試験に合格すれば就労ができます。

介護福祉士養成校を卒業し、介護福祉士の資格を持っている人が対象となるため、技術面でも日本語面でも最も高いレベルが求められます。養成校に入る時点で日本語能力試験Ｎ2相当を要求されるので、すでに日本語で問題なくコミュニケーションがとれるレベルに達していることが多いです。また、養成校に在学しているときから介護関連施設でアルバイトをする人が多く、即戦力となることも期待されます。

活動内容については「本邦の公私の機関との契約に基づいて介護福祉士の資格を有する者が介護又は介護の指導を行う業務に従事する活動」と定められています。具体的には、食事・入浴・排泄《はいせつ》などの直接介護者の体に触れて行う身体介護、家事全般の手伝いを行う生活介護、要介護家族への介護指導や介護用具の使い方の説明などです。

これらの業務を、特別養護老人ホームや有料老人ホーム、介護療養型医療施設などにおいて行うことができます。また、就労できるサービスの種別に制限がないので、デイサービスや訪問系なども含めたすべての介護施設で就労が可能です。

在留資格「介護」の外国人を雇用する場合、基本的にはフルタイムの正社員としての採用になります。契約社員での雇用も可能ではありますが、その場合は在留資格申請の際に雇用の継続性などを理由に不許可になることもあるので、正社員としての雇用が無難です。同レベルの業務に従事している日本人職員と同等以上の報酬を支払う必要がありますが、雇用してすぐに介護報酬の配置基準に算定されるという利点があります。

また、ほかの在留資格と比べたときのメリットとして、訪問系サービスに従事するのが可能だという点があります。また、就労期間に制限がありませんので、長期的に働いてもらうことも可能です。在留資格「介護」では配偶者や子どもの帯同が可能なため、家族を呼び寄せて日本で一緒に生活することもできます。在留期間は最長で5年ごとにビザ更新の必要がありますが、回数の制限はないので、事実上永住が可能です。

在留資格「介護」を取得している人は、介護福祉士の資格を持ち、日本語も堪能です。制度上も長く働いてもらうことが可能で、訪問介護も任せられることに加えて、採用人数に制限もありません。施設側としては、いいことずくめなのですが、対象となる人の母数がまだ少なく、採用するには競争率が非常に高いのが難点となっています。

在留資格「介護」を取得するための要件は、次の4つです。

- 介護福祉士の国家資格を取得
- 介護福祉士として業務に従事すること
- 日本の会社（介護施設）と雇用契約を結んでいること
- 日本人が従事する場合における報酬額と同等額以上の報酬を受けること

また外国人介護人材が在留資格「介護」を取得して就労するには、次の3つの方法があります。1つ目は介護福祉士養成学校で学び資格を取得する方法、2つ目はＥＰＡ介護福祉士候補者から在留資格を切り替える方法、3つ目は実務経験を積んで取得する方法です。

以上を踏まえると、在留資格「介護」で外国人介護人材を受け入れる場合、採用する側から見たルートは主に次の3つであることが分かります。

①介護福祉士養成施設と連携し、留学生を週28時間までのアルバイトや実習生として受け入れる。介護福祉士の国家試験に合格したら在留資格を「介護」に切り替えて採用する。

②ＥＰＡ介護福祉士候補者を受け入れる。介護福祉士の国家試験に合格したら、在留資格を「介護」に切り替えて採用する。

③特定技能「介護」や技能実習「介護」で外国人を受け入れる。滞在期間中に国家試験に合格したら、在留資格を「介護」に切り替えて採用する。

①介護福祉士養成校に通って取得する

入国	留学生の在留資格で入国する
↓	
就学	介護福祉士の養成学校で２年以上就学する
↓	
国家資格取得	介護福祉士の国家試験を受けて合格する
↓	
資格取得	在留資格を「留学」から「介護」に変更する
↓	
就労	介護福祉士として就労開始

これらに加えて、人材紹介会社を利用したり、ハローワークや外国人採用専門の外国人雇用サービスセンターへ求人情報を出したりする方法もあります。

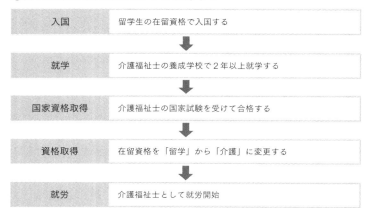

②EPA介護福祉士候補者から在留資格を切り替える

入国	EPA介護福祉士候補者として入国する
↓	
実習	介護施設で実習をしつつ、介護福祉士の国家試験に向けて勉強を進める
↓	
国家資格取得	４年の滞在期間のうちに介護福祉士に合格する ※４年目になっても合格できなかった場合は、１年間の滞在延長が認められる場合がある
↓	
資格取得	在留資格「特定活動（EPA介護福祉士）」から在留資格「介護」に変更
↓	
就労	介護福祉士として就労開始

③実務経験を経て取得する

入国	入国時は特定技能などの在留資格で入国する
↓	
就労	介護施設で３年以上就労する
↓	
国家資格取得	介護福祉士の国家試験に合格する
↓	
雇用契約	就職先の事業所と雇用契約を結ぶ
↓	
在留資格「介護」取得	特定技能などの在留資格を「在留資格『介護』」に変更
↓	
就労	介護福祉士として就労を開始

③技能実習

技能実習制度は国際貢献を目的として1993年に創設されました。開発途上国の外国人を受け入れ、企業などで働きながら技術を習得してもらい、途上国の発展に寄与しようとする制度です。

技能実習制度には次の3つの区分があります。

- 技能実習1号：来日して1年目
- 技能実習2号：来日して2～3年目
- 技能実習3号：来日して4～5年目

技能実習生は、受け入れ先の企業などと雇用契約を結んだうえで業務に従事します。在留資格の変更や取得などの要件を満たせば、次の区分に進むことができる仕組みになっており、1号～3号を合わせると、最長で5年間の在留ができます。

2023年6月末時点で介護を含む技能実習生の総数は約35万8000人おり、その半数はベトナムから来た人材です。その次に多いのはインドネシア、フィリピン、そして中国と続きます。

これまで、日本は技能実習制度で多くの外国人を受け入れてきましたが、2023年11月に政府の有識者会議により、廃止の意向が示されました。2027年から新制度の開始が見込まれています。

④特定技能

人材の確保を目的として2019年4月に創設されたのが「特定技能」です。特定技能が創設されたことで、日本国内の人手不足が深刻になっている分野での即戦力となる外国人材の就労が可能になりました。なお、介護以外の分野としては、ビル清掃、素形材・産業機械・電気電子情報関連産業、建設、造船・舶用工業、自動車整備、航空、宿泊、農業、漁業、飲食料品製造業、外食業があります。この特定技能制度の創設により、外国人労働者が単純労働を含む幅広い業務を行うことができるようになりました。

特定技能には、「特定技能1号」と「特定技能2号」の2種類があります。このうち、介護分野で認められているのは特定技能1号のみです。

特定技能1号の在留期間は上限が5年となっており、別の在留資格へ変更しなければ帰国しなければなりません。ただ、介護福祉士の国家資格を取得することができれば、在留資格「介護」に切り替えて永続的に働くことができます。

特定技能の在留資格で働く人に任せることができる業務は、身体介護等とこれに付随する支援業務です。そのため、入浴・食事・排泄の介助といった身体介護のほか、レクリエーションや機能訓練の補助などを行ったりすることもできます。ただし、訪問系サービスは行うことができません。

雇用は直接雇用に限られており、派遣などは認められていません。労働条件についても、報酬の金額や労働時間等が日本人と同等以上でなくてはならないという定めがあります。

事業所で受け入れられる特定技能1号の外国人の数は決められていて、事業所単位で日本人等の常勤介護職員（雇用保険被保険者）の総数が上限となります。

特定技能1号は「特定産業分野に属する相当程度の知識又は経験を必要とする技能を要する業務に従事する外国人向けの在留資格」とされており、新たに特別なトレーニングを受けなくても、即戦力として一定の業務をこなせる水準にあることが求められます。このレベルに達しているかどうかは、基本的に2つの試験によって判定されます。

特定技能「介護」の在留資格を得るためには、介護技能評価試験と、日本語能力試験N４以上もしくは国際交流基金日本語基礎テストに合格することに加え、介護日本語評価試験に合格しなければなりません。

試験は国内外で実施され、日本の各都道府県にある試験会場の多くで、試験日程がほぼ毎日設定されています。２０２０年4月1日以降に実施の国内試験は、短期滞在の在留資格でも受験可能になり、観光で日本に入国した外国人が試験を受けて在留資格を取得することもできます。

日本語能力を測るテストは日本語能力試験（ＪＬＰＴ）と国際交流基金日本語基礎テスト（JFT-Basic）の2種類があり、いずれかを選びます。

日本語能力試験（ＪＬＰＴ）はＮ1からＮ5までの5段階のレベルに分かれていて、

マークシート形式で行われます。日本のほか約80の国と地域で年に2回、決められた試験日に実施されます。テストの内容は多様な背景をもつ日本語学習者を対象として習熟度を測れるように、幅広い場面が想定された総合的な出題が特徴です。

もう一つは国際交流基金日本語基礎テスト（JFT-Basic）で、パソコンやタブレットを使用して行うCBT方式がとられています。レベル分けはなく、250点満点中200点以上をとることで合格となります。日本とアジア各国で年に6回、国ごとに設定されるテスト期間中に実施されていて、内容は日本国内の生活の場面で求められる日本語のコミュニケーション能力を測定するテストになっています。

なお、次の場合には介護技能評価と日本語能力の2つの試験が免除されます。

- 介護福祉士養成課程を修了した
- 技能実習2号を良好に修了した
- ＥＰＡ介護福祉士候補者として就労・研修に4年間適切に従事した

介護福祉士養成課程を修了している場合は、すでに介護分野における一定の専門性と技術、知識をもっているとみなされます。日本語能力についても、留学する際の条件に「日本語教育機関で6カ月以上の日本語の教育を受けたこと」などがあるうえ、入学してからは2年以上の養成課程において450時間の介護実習のカリキュラムを修了していることになります。これらを踏まえて、介護の業務に従事するために必要な日本語能力をすでに身につけていると判断され、試験が免除されるのです。

介護分野の技能実習2号を良好に修了した場合も、介護技能評価試験と日本語能力試験が免除されて特定技能「介護」に移行することができます。「良好に修了」というのは、技能実習を2年10カ月以上修了し、かつ技能検定3級またはこれに相当する技能実習評価試験に合格しているか、技能実習生に関する評価調書があるかのいずれかの状態を指します。

EPA介護福祉士候補者として就労・研修に4年間適切に従事した場合も同様に試験が免除されます。「適切に従事」とは、直近の介護福祉士国家試験の結果通知書により、合格基準点の5割以上の得点があり、かつすべての試験科目に得点があることです。

特定技能の外国人を採用する場合、次の2つのパターンがあります。

(1) すでに日本国内にいる外国人の在留資格を特定技能へ切り替える

①在留資格を「技能実習」から「特定技能」へ移行する

特定技能は技能実習からの変更が可能なため、技能実習期間が終了したあとも働きたいという技能実習生は手続きをして特定技能に移行することができます。

移行の要件としては、技能実習2号を良好に修了または技能実習3号の実習計画を満了していることが必要です。特定技能で行う業務と技能実習2号の職種・作業に関連性が認められる場合には、技能試験が免除されます。

技能実習2号を良好に修了している場合は、技能実習の職種や作業内容にかかわらず日本語試験が免除されます。

新型コロナウイルスの感染が拡大していた頃は、日本政府の水際対策によって渡航や国内での移動が制限されたために、技能実習期間の終了後に帰国できなくなってしまった人たちがたくさんいました。その人たちの多くは在留資格を「技能実習」から「特定技能」へ切り替えて在留を続けるという選択をしました。また、海外から新しく技能実習生が入国できない状態になったため、技能実習生の代わりに「特定技能」で外国人を採用する企業も増えました。というのも、「特定技能」の試験は日本国内で定期的に実施されており、技能実習からの切り替えも可能なため、外国人の入国がストップしているなかでも新たな外国人介護人材を確保できたからです。

現在は出入国が自由にできるようになりましたが、技能実習から特定技能への移行を行う流れは続いています。私の経営する事業所でも、技能実習で来日した外国人スタッフが特定技能に移行して働いています。

②在留資格を「留学」から「特定技能」に切り替えて採用する

在留資格「留学」の外国人を「特定技能」に切り替えて採用することもできます。留学生は卒業に際して在留資格を「留学」から「技術・人文知識・国際業務」へ切り替えようとする人が多いですが、その場合はこれまでの学歴との関連性を求められます。学んできた内容によっては切り替えが難しい場合もありますが、特定技能への切り替えであれば学歴との関連性は問われないので取得のハードルが下がります。

(2)海外で外国人を採用して特定技能の在留資格を取得してもらう

海外で外国人と雇用契約を結ぶ場合には、現地で行われている技能試験と日本語試験に合格している人を採用することになります。介護分野の場合は、介護技能評価試験と日本語試験に加えて、介護日本語評価試験に合格している必要があります。

特定技能の在留資格を持つ外国人を雇用するのであれば、雇用側が外国人を職場や日常生活、日本社会において支援する必要があります。すべてを自前で行うこともできますが、通常業務と並行して支援をしていくのは大きな負担となるため、登録支援機関に委託することもできます。登録支援機関とは、出入国在留管理庁から認定を受けて外国人の支援を行う機関です。特定技能1号の外国人を受け入れた企業などに代わって、支援計画の作成などを行います。

ただ、受け入れ側に2年間外国人の在籍がなかった場合は、外国人スタッフの支援を登録支援機関に委託しなければなりません。特定技能の外国人を雇用するには、紹介料や登録支援機関へ払う費用などが必要になるため、日本人を採用するよりもコストが高くなってしまう傾向があります。資金力のない中小企業にとってはハードルが上がり、採用のネックになっています。

登録支援機関や送り出し機関を選ぶ際には教育方法や支援・サービス内容などをよく確認することが大切です。決められた教育プログラムがあるわけではなく、試験に合格すれば来日が可能なので、最低限の学習しか行わない送り出し機関もあるので注意が必要です。

特定技能で外国人介護人材を受け入れるメリット

これまで外国人介護人材は技能実習での受け入れが多かったのですが、2021年頃から特定技能での受け入れ人数が伸びています。特定技能で外国人を受け入れるメリットとしては、次のようなものが挙げられます。

- テキストで学べるレベルの介護の基本的な内容について理解している
- 介護の現場で働くうえで必要な日本語能力を備えている
- 雇用後、すぐに配置基準に含められる
- 初年度から日本人常勤介護職員数まで採用できる
- 技能実習と比べて報告の負担が少ない
- 任せられる業務範囲が広く、訪問系サービス以外の業務をすることができる
- 一人で夜勤ができる

特定技能は就労の期間が定められているので、期限に達すれば帰国する場合もあります。しかし、将来的に長く日本で働きたいのなら在留資格「介護」に移行すれば更新の回数に制限はありません。在留資格「介護」へ移行するには、介護福祉士の資格取得が必須となります。介護福祉士の国家試験を受験するためには、3年間の実務経験と、実務者研修修了が要件になります。

外国人介護人材受け入れの仕組み

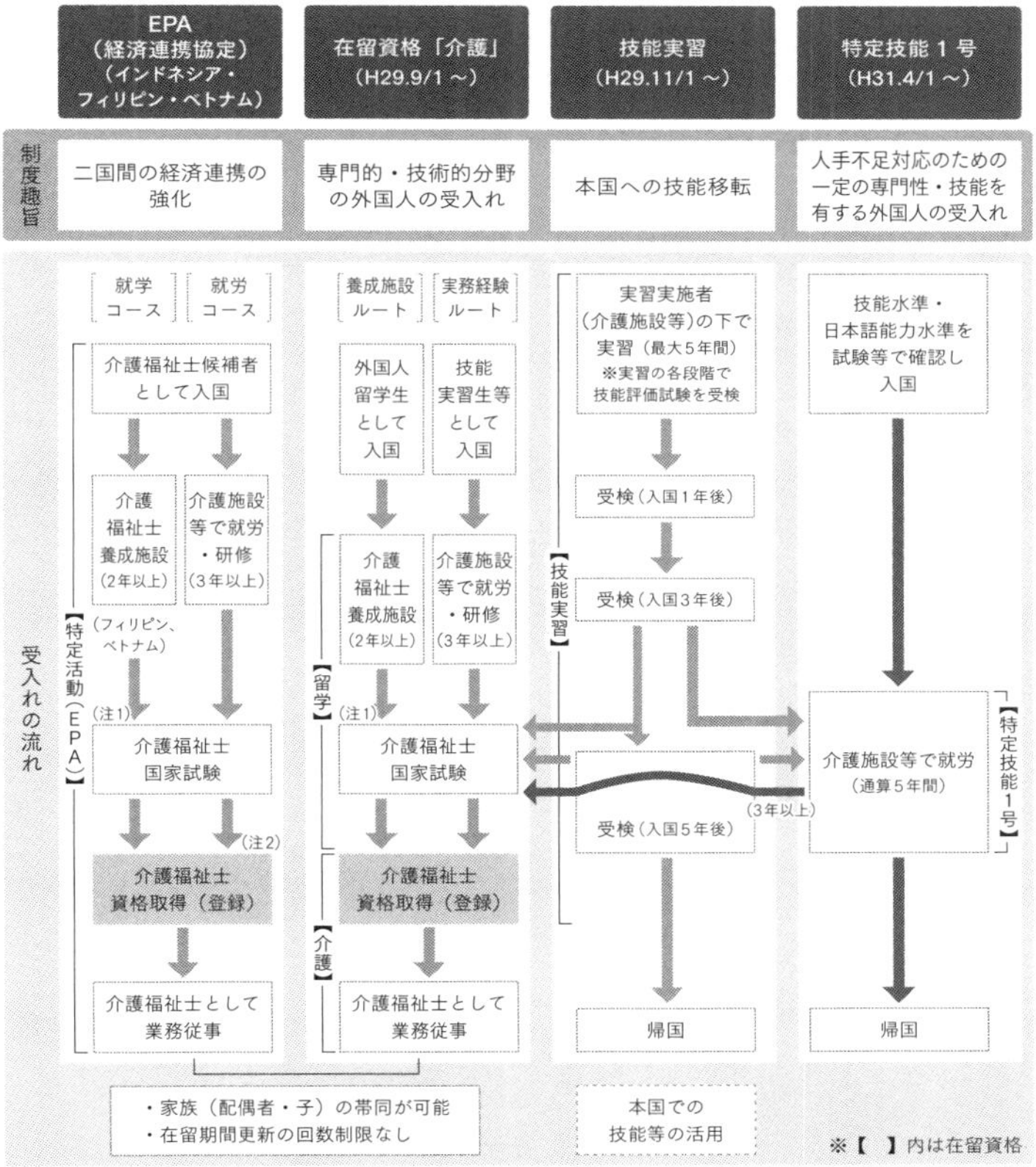

（注1）平成29年度より、養成施設卒業者も国家試験合格が必要になった。ただし、令和8年度までの卒業者には卒業後5年間の経過措置が設けられている。
（注2）4年間にわたりEPA介護福祉士候補者として就労・研修に適切に従事したと認められる者については、「特定技能1号」への移行に当たり、技能試験及び日本語試験等を免除。
出典：厚生労働省「外国人介護人材受入れの仕組み」

外国人介護人材受け入れに立ちはだかる3つの壁

自分の施設の実情に合ったやり方で外国人介護人材を受け入れることは、人材不足の解消のための有効な一手であることに違いありません。しかし、2024年の時点でも、外国人介護人材を受け入れたことがない施設がまだまだ多数派です。なぜ多くの施設で外国人介護人材の受け入れが進まないのかについては、次のような理由が考えられます。

■受け入れに費用がかさむ

外国人介護人材を受け入れるには施設側の費用負担が大きくなります。どの制度を使うかにもよりますが、住居を含む生活環境にかかる費用や、入国管理事務、現地での面接にかかる費用など、日本人を雇い入れるよりも費用がかさむことが多いです。

私の施設で最初に技能実習生を受け入れた2017年には、事務長がミャンマーへ行って面接を行いました。最近ではオンラインでの面接にしたので、その分の費用を削減することができていますが、それでも日本人を採用するときには不要な入国管理事務は発生します。また、採用サポートを行う団体へ依頼するのであれば、委託費用や紹介費用なども必要になります。

■コミュニケーションへの不安

外国人スタッフの日本語の習熟度が不十分な場合、指導にあたる日本人スタッフをはじめ、同僚の負担が大きくなることが考えられます。日本語が理解できないために、申し送りの際に内容がうまく伝わらなければ、業務に支障が出てしまうことも心配されます。

介護の仕事では、日本語を話すだけでなく、日本語で記入する事務作業をしなければならない場面もあります。活用する制度によって、基準とされている日本語レベルが異なるため、一口に「外国人介護人材」といっても、人によって日本語の習熟度にはばらつきがあるのが実情です。

■職場への定着率

受け入れのためにお金をかけ、指導に日本人スタッフの時間と労力を割いても、制度によっては受け入れ期間に限りがあります。その後も在留資格を移行するなどして長く働いてもらうことができればよいのですが、せっかく受け入れて育てたとしても定着しないのでは無駄だと考えられてしまうことがあります。

確かに、外国人スタッフの受け入れにはお金も時間も労力もかかります。育成していくうえでも、文化の異なる国から来た外国人を仕事面でも生活面でもサポートしつつ、一人前の介護スタッフとして育てるのは決して簡単なことではありません。定着が難しいというのも確かです。

しかし、国内での人材確保が難しい以上、外国人介護人材の受け入れを進めていかなければ、やがて施設の運営が立ち行かなくなってしまうことも十分に考えられます。

人材を採用するのに費用がかかったり、定着率が低かったりするのは、日本人を雇用する場合でも同じです。短期的な視点で見れば、費用や手間がかかることも多いかもしれませんが、まずは外国人を採用するということへの心理的な抵抗を取り除くことが、壁を越えていくための最初の一歩になります。

これからは外国人介護人材の争奪戦になる

外国人を受け入れることへの不安から外国人介護人材の活用にいつまでも二の足を踏んでいては、気づいたときには外国人採用も難しい状態になる可能性も十分に考えられます。というのも、外国人介護人材の確保は年々難易度が上がっており、国内での獲得競争があるだけでなく、ほかの国との間での争奪戦にもなりつつあるからです。

今、介護人材の不足が問題となっているのは日本だけではありません。

例えば、中国は2035年までに60歳以上の高齢者が4億人を超えて総人口の30％超となり、超高齢社会へ突入すると予想されています。要介護者数は2016年の時点で4000万人を超えている一方で、介護人材は現時点でも大幅に不足しています。介護の仕事が低賃金であり、仕事がハードであることは中国でも変わらず、若者から敬遠されがちなのは日本と同じです。北京や上海などでは介護サービスに就く若者に「入職奨励金」を支給するなど、さまざまな対策を講じていますが、目立った効果はありません。中国が国内で人材を確保できないために、国を挙げて東南アジアの人材を確保すべく動き出したとしたら、外国人介護人材に日本を選んでもらうのは容易ではありません。

高齢化が進む香港は、すでに介護を担う外国人材を確保しようと積極的な姿勢を見せています。香港政府によると、2022年末の香港の総人口に占める65歳以上の比率は21・4％ですが年々上昇を続けており、香港においても介護人材の確保は喫緊の課題です。

公的な介護保険制度がない香港では、高齢者の介護を家族や外国人家事労働者が担ってきました。香港では1960年代からの経済発展によって女性の社会進出が進んだことで、外国人家事労働者が多く受け入れられるようになりました。共働きの家庭では、富裕層でなくても外国人家事労働者を雇うことが一般的になっています。これまではフィリピンやインドネシアから外国人家事労働者を多く受け入れてきました。これらの、外国人家事労働者が雇い主の家に住み込みで、家事や育児の延長として介護もしてきたのです。香港の総人口は約７３０万人ですが、香港で就労する外国人家事労働者は２０１６年時点で35万人に達しています。

香港政府は今後、外国人家事労働者のなかでも介護スキルをもつ人を増やし、高齢化に対応しようと考えています。２０１８年からは、すでに国内で就労している外国人家事労働者を対象として介護の基本スキルを習得させるプログラムもスタートしました。さらには、これまで受け入れが少なかった国からの受け入れも増やしています。例えば、カンボジアから語学や料理、基本的な介護スキルなどの研修を受けた人の受け入れを始めたり、タイから在宅介護の技術をもつ人を受け入れたりという施策が行われつつあるのです。

もはや、外国人介護人材を受け入れるか否かを検討している段階ではありません。外国人介護人材に日本を選んでもらえるように、受け入れ体制をより良くしていかなければならない段階にあるのだといえます。

グローバル循環型に求められる受け入れ方法

私の施設では技能実習制度を利用して外国人介護人材を受け入れてきました。施設に金銭的な余力があり、教育のための人手が確保できるのであれば、技能実習制度の受け入れに近い形をとるのが理想的だと私は考えています。

技能実習制度では、技能実習責任者、技能実習指導員、生活指導員を選任することが法務省令で定められています。私の施設でも最初に2人の技能実習生を受け入れた際、技能実習責任者、技能実習指導員、生活指導員をそれぞれ選出し、3人体制でサポートにあたりました。外国人スタッフの教育に複数の人員を充てれば、連携したり、困ったことがあれば互いに相談したりしながら教育にあたることができます。そうすることで、日本人スタッフの1人あたりにかかる物理的な負担も心理的な負担も少なくて済みます。

また、外国人スタッフにとっては、手厚いサポートが受けられるという利点もあります。仮にある教育係のスタッフと相性が悪かったとしても、ほかの教育係のスタッフを頼りにすることもできます。

こうやって丁寧に外国人スタッフを教育していくことで、表面的な介護技術だけでなく、介護の根本的な考え方なども含めて日本式の介護の良さを伝えていくことができます。

介護の文化を海外に根付かせるためには、表面的な技術の移転だけをすればよいわけではありません。介護の考え方を深く理解することが肝要です。そのためには、机上の勉強だけでは不十分です。日本に来て、介護の考え方が現場でどのように実践されているのかを身をもって学ばなければなりません。

東南アジアの国々で育った若者は、大家族のなかで年配の人と接することに慣れているとされます。実際に私の施設で働いている外国人スタッフたちを見ていると、確かに高齢者たちとのコミュニケーションが上手です。ただ、一般的に家庭内でお年寄りの世話をすることと、私たちが施設で行っている介護とでは考え方が大きく異なります。

例えば、家族が加齢によって肩の動きに痛みを伴うようになり、着替えるときにシャツを脱ぐのがつらいと言い出したとします。困っているから助けてあげたいという一心で、ついつい着替えをすべて手伝ってあげようとする人も少なくないはずです。しかし、それは長い目で見ると本人のためになりません。本当はボタンを留めたり外したりすることや、ズボンをはくという動作をする力はあるのに、それを奪ってしまうことにもなりかねないからです。

私たちが施設で行っている介護は、利用者ができない部分を単に補うことではありません。本人ができることは自分でやるようにするのはもちろん、自分でやらなくなっていることは何か、なぜやらなくなってしまったのかを探り、自分でできるように支援していきます。利用者の生活を支援するという観点から、利用者の意向をどのように尊重していくのか、利用者本人が自分でできることを行うようにするにはどうすればよいのか、それによって利用者の自尊心がいかに高められているのかといったことを考えることが大事です。日本の介護施設で実際に介護の仕事をしていくことで、外国人スタッフたちは介護とは何かを深く理解していきます。そうやって介護の本質を理解した外国人スタッフは、母国の施設で日本の介護の真髄を自分の言葉で広めることができるようになります。グローバル循環型の介護人材活用の目指すゴールの一つは、介護途上国の介護のレベルを引き上げることです。そのためには、どの制度を利用するのであっても、日本の介護とは何かを伝えられる教育体制を十分に整えることが重要なのです。

介護職を志す外国人をいかにサポートするか

日本にやって来る外国人介護人材の母国では「介護」が仕事として一般的でないことも少なくありません。そのため、まずは日本への興味・関心があり、来日するにあたって介護の道を志すというように考える人が多い傾向があります。

また、外国人留学生の4割以上が「日本に永住したい」、約3割が「10年程度は日本で仕事をしたい」と回答しています。多くの外国人留学生が、日本で長く働き、永住も視野に入れており、人材不足に困っている介護施設にとっては非常にありがたい

日本の介護福祉士養成校に入学しようと思った理由（複数選択）

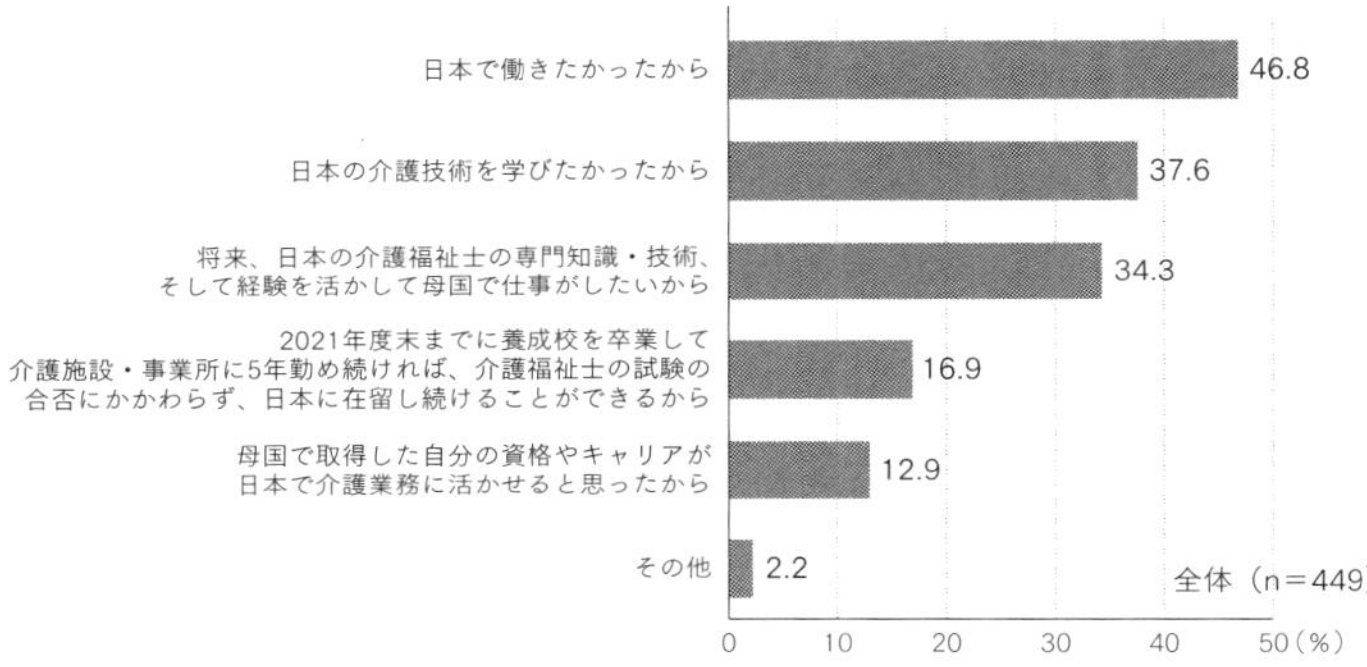

出典：公益社団法人 日本介護福祉士養成施設協会「外国人介護人材を受け入れる介護施設職員のためのハンドブック」

存在です。

なかでも在留資格「介護」は対象者の母数が少ないため、現状ではEPA・技能実習・特定技能などの在留資格や留学で受け入れたうえで国家試験合格までのサポートをし、在留資格「介護」に移行してもらうという方法をとるのが主流です。

国家資格取得までにどんなサポートをするかを考える際の参考になるのが、日本介護福祉士会の「令和4年度厚生労働省社会福祉推進事業 在留資格『介護』の実態把握及び活躍支援に向けた調査研究事業」の調査結果です。

介護福祉士を受験するまでに「受けた支援」と「欲しかった支援」（複数選択）

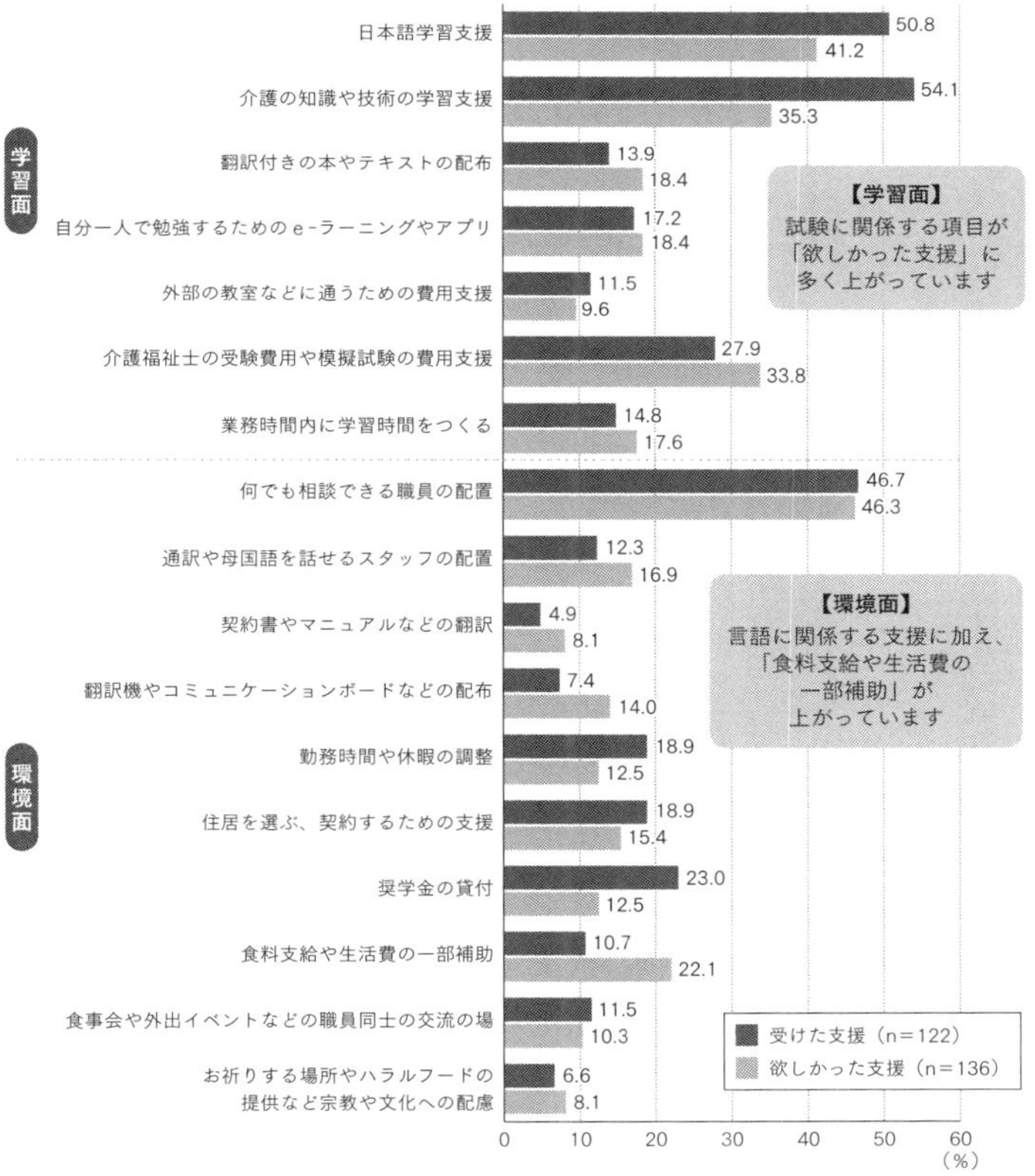

出典：日本介護福祉士会「令和4年度 厚生労働省 社会福祉推進事業 在留資格『介護』の実態把握及び活躍支援に向けた調査研究事業」

在留資格「介護」で働く人たちが介護福祉士を受験するまでに受けた支援と欲しかった支援をそれぞれ調査したところ、「介護福祉士の受験費用や模擬試験の費用支援」、「業務時間内に学習時間をつくる」などが挙がっています。

また、この調査のヒアリングでは、生活面の支援として「携帯電話等生活インフラの整備のサポート」が欲しかったという声もあったといいます。携帯電話は家族との連絡手段としてはもちろん、職場との連絡にも欠かせないものであり非常に重要です。外国人スタッフは、格安ＳＩＭを購入して、自国から持ってきたスマートフォンをそのまま使うケースが多いようです。ただ、海外から持参した端末がすべて日本で利用できるわけではありません。契約する際に、格安ＳＩＭを販売する事業者のサイトを参照し、動作確認済み端末であるかを確認するようにします。

私の運営する施設で受け入れた外国人スタッフのなかには、スマートフォンの契約がインターネットの利用はできるものの、電話として国内通話ができないプランになっていた人がいました。最近はＬＩＮＥなどのアプリで事足りる場面も多いですが、緊急時などに電話連絡ができないと困ることもあります。契約内容について丁寧に説明されていたとしても、内容が込み入ってくると来日したばかりの外国人には理解するのが難しいことも珍しくありません。詳細がよく分からないまま、ひとまずいちばん安いプランでよいだろうと思って契約してしまうとあとで困った事態になりかねません。調査結果では、「受けた支援」と「欲しかった支援」の両方で「何でも相談できる職員の配置」が挙がっていますが、仕事面でもプライベート面でも、困ったことがあったら大きなトラブルになる前になんでも相談できるような職員を配置しておくことは有効だといえます。

一方で、外国人スタッフを特別扱いすることで日本人スタッフからだけでなく、外国人スタッフ本人からも不満が出ることがあります。腫れ物に触るような扱いをするのではなく、一人の人間として尊重して接することが大切です。

受け入れ体制の整え方

現場の受け入れ体制を整えていくにあたっていちばん大切なのは、外国人介護人材を単なる労働力と扱うのではなく、新たな仲間として尊敬や感謝の気持ちをもって接することです。

外国人スタッフとのコミュニケーションでは、日本人同士の場合と比べて言葉の壁があるぶん、言語以外の振る舞いなどから気持ちや考えていることがダイレクトに伝わってしまうことがあります。「労働力として利用しよう」という考えで接すれば、相手はその思惑を感じ取り、関係性がギクシャクしたものになりかねません。

そうならないために、私たちは外国人スタッフが海外から働きに来てくれていることに心から感謝し、互いにWin-Winの関係を築けるように受け入れ体制を整えるべきだと私は考えています。

採用・受け入れ前の準備・就労・退職の各フェーズにおいて、受け入れ体制の整備は次のように進めていきます。

(1) 採用

独自に採用活動をする際には、在留資格上、介護に従事することが認められる者であることが大前提となります。また、在留資格によって従事できる内容が異なりますので、外国人介護人材が在留資格の範囲内で活躍できるように考えて採用活動を行います。

採用にあたっては法人の理念や施設の目指す姿を説明するとともに、待遇面や就業規則についても理解してもらうようにすることで、のちのちのトラブルを未然に防ぐことができます。

外国人介護人材の多くは、「お金を稼いで母国の家族の生活を助けたい」という動機から働きにやって来ます。介護の仕事をしていくうえでは、まず法人の理念や施設の目標を説明し、仕事の意義を理解してもらうことが大切です。賃金体系や休日・休暇についてはもちろん、働くうえで守ってもらうルールについて、解雇になるケースなどについても、就業規則や給与規定にのっとって説明します。

外国人スタッフたちは、生活面の悩みについては同じ国の出身者同士で相談して解決することも多くあります。その際、トラブルになりやすいのが給与や賞与の金額についてです。ボーナスに同僚と差がある場合などは、個別面談の場などできちんと根拠を説明するようにします。

また、休暇についても十分な説明や配慮が必要です。外国人スタッフが長期休暇をとって一時帰国することもあるので、その際にはほかのスタッフが協力してカバーできる体制をつくっておくことも必要です。

このほかにも、雇い入れ時にきちんと話し合っておくべきことの一つが、宗教的・文化的配慮についてです。宗教的な配慮が必要な場合は、施設としてどこまでできるのかを事前に示します。

例えば、イスラム教徒のスタッフであれば、女性は仕事中のヒジャブ着用の可否、お祈りの時間と場所について、豚肉を使った食事介助は可能か、断食の際の対応をどうするかなどを話し合う必要が考えられます。

また、セクハラやパワハラといったハラスメントについても事前に認識をすり合わせておくようにします。国によってハラスメントの概念に食い違いが出ることがあるので、どのような行為がハラスメントにあたるのかを具体例を示しながら説明すると食い違いを防ぐことができます。国によっては、文化の違いから同じ行為でも認識の仕方が異なることがあります。例えば、人前で叱られること自体を、ひどく侮辱されたと感じるなどといったケースです。外国人スタッフが何かあったときに相談できる窓口をつくっておくなどの環境を整えておくことが必要です。

待遇面においては、雇用側としてできることとできないことを、なぜできないのかを含めて説明をしておけば、「自分は外国人だから尊重されていない・差別されている」などといった誤解を防ぐことができます。

(2) 受け入れ前の準備

■雇用契約の締結

無用なトラブルを回避するためにも、契約書は日本語と母国語の2種類を用意しておくと安心です。業務の内容は範囲を具体的にしておき、それに伴う責務について外国人スタッフがきちんと理解できるように説明します。

■健康診断

雇い入れ前には、日本人を採用する際と同様に外国人スタッフにも健康診断を受けてもらう必要があります。

■日本人スタッフ、利用者や家族、地域の人たちへの説明

外国人スタッフが入職することになったら、事前に日本人スタッフをはじめ、利用者や家族に説明をします。このとき、外国人スタッフが入ることを一部の人だけが知っていて、その情報が噂として広まることは望ましい状況ではありません。日本人スタッフたちに動揺が走り、必要以上に不安にさせてしまうことにもなりかねないからです。

職員に周知する際には、外国人スタッフはどのような立場で従事するのか、外国人スタッフに対して誰がどのように業務指導を行うのか、外国人スタッフに接するうえではどのようにすればよいのかといった内容を説明します。

私の施設では利用者や家族への説明を掲示と必要に応じて口頭でしましたが、特にクレームなどが来ることはありませんでした。ただ、なかには外国人に対して厳しい目を向ける人がいないわけでもありません。事前にきちんと説明をすることで、不安

を取り除いておくことは大切です。

また、急に外国人が増えると、地域の人たちから「見慣れない外国人が増えたようだが、治安の面で大丈夫だろうか」という声が上がることも考えられます。そのため、事前に地域の人たちにも説明して、理解を得ておくとスムーズです。

外国人スタッフが地域になじむためには、積極的に地域の活動に参加することも効果的だとされます。無理のない範囲で地域の清掃活動や夏祭り、体育祭などの行事に参加することができれば、地域の住民と顔なじみになり、お互いに安心して接することができるようになります。

■文化の違いによる考え方のギャップを埋めておく

外国人スタッフにスムーズになじんでもらうには、母国と日本との文化や慣習上の違いをよく理解してもらうことが大切です。加えて、日本人スタッフにも外国人との間に文化の違いがあることを知ってもらい、お互いのギャップをできるだけ事前に埋めておくようにします。よくあるのは、日本に比べて時間を守ることに寛容な国に生まれ育った人の感覚と、時間は守るべきだと考える日本人の感覚とが異なり、摩擦が生じるケースです。例えば、外国人スタッフが遅刻してしまったとき、本人はそれほど悪いことだと認識していないところへ頭ごなしに叱ってしまうと、当人はなぜ叱られたのかが理解できず、ショックを受けることがあります。外国人スタッフには事前に日本社会のルールや日本人の考え方について説明しておき、十分に理解してもらうことが大切です。

加えて、日本人スタッフが国籍や宗教などで差別することのないように注意喚起することも大切です。私の施設では事前に勉強会を開いて、受け入れ予定の外国人スタッフの母国であるミャンマーの文化について情報を共有しました。ほとんどのスタッフがミャンマーについての予備知識がゼロの状態からのスタートで、どこにあるのか、人口はどのくらいで、どんな気候なのかといった基本情報の共有から始めましたが、日本人スタッフには積極的に知ろうとする姿勢が見られ、前向きに受け入れ準備を進めることにつながりました。

■職場のマニュアルを整える

マニュアルにはひらがなでルビを振り、写真やイラストなどを添えながら外国人にも理解しやすく誤解なく伝わるように整えておきます。例えば、言葉では表現が難しい表情や顔色については、イラストや写真を使うと分かりやすいです。道具や器具などについても、写真を添えることで間違いなく伝わります。

近年は外国人介護人材の受け入れのほかにも、高齢者雇用やボランティアの活用なども進んでいます。分かりやすいマニュアルは外国人以外に業務を教える際にも役立ちます。マニュアルを整備するにあたって、例えば次のように業務を分類して整理していくと、各自の役割・スキルに合った業務の振り分けがしやすくなります。

- 資格・研修が必要な業務（たん吸引など）
- 専門知識・技術の習得が必要な業務（ショートステイ受け入れ業務・移乗用リフトの操作など）
- 技術の習得を要する直接介護業務（食事・入浴・排泄業務など）
- 技術の習得を要する間接介護業務（食事の準備・シーツ交換・環境整備など）
- 外部委託やボランティア委託できる業務（清掃、洗濯など）

■職場での支援体制を整える

・就労、学習、生活環境のそれぞれの担当を決める

外国人スタッフは慣れない環境で、日本語も学びながら仕事をしていくことになります。そのため、就労支援、学習支援、生活環境支援の3部門でそれぞれ担当を決めておくと、外国人スタッフが分からないことがあるときや困ったときに、相談しやすくなります。サポートする側の日本人スタッフは互いに情報を共有し合って、チームで支えるという意識をもって臨むと効果的です。その結果として日本人スタッフの間でのコミュニケーションが増え、職場全体の団結力が上がることにもつながります。

日本介護福祉士養成施設協会の調査によると、介護福祉士養成学校出身の外国人介護人材を採用したことのある介護施設等では、「職場・介護に係る相談・指導担当の設置」をしているところは29施設中15件、「生活に係る相談担当の設置」が13件となっています。担当者の設置をしているところは半数程度で、すべての施設で指導や相談の担当者をおいているわけではないという状況が分かります。

私の施設での様子を見ていると、担当者をおくことで外国人スタッフは誰に相談すればよいのかが分かるので、困ったときにすぐに聞いて解決することができます。ま

た、日常的に外国人スタッフの様子を把握している担当者がいることで、体調を崩したり、メンタル面の不調の兆しが見えたりしたときなどにも早急に対応することができます。さらには、外国人スタッフと指導担当者の間に築かれた信頼関係がベースになり、指導担当者が外国人スタッフと日本人スタッフとをつなぐ橋渡し役として機能することもあります。

専任の担当者をおくことは、外国人スタッフが職場になじむために大きな役割を果たし、結果として外国人スタッフに長く働いてもらうことにもつながると考えられます。

- 就労支援担当…常に一緒に行動しながら業務を教える。一緒にいる時間が長くなるので、人としての相性にも配慮して配置できるとよい。
- 学習支援担当…介護福祉士資格取得のための学習環境の整備、学習習熟度の確認、学習方法の検討等を支援する。
- 生活環境支援担当…日々の買い物や生活全般、体調不良の際の病院等の利用をサポートする。生活エリアが近い人や、年齢が近い人などを配置できるとサポートする側もやりやすい。

以上のような役割分担をしてチームで支えられるような体制を整えていくと、一人に負担が集中しすぎることがなくなります。

仕事に関しての指導やサポートなどは職場で完結しますが、生活支援の面ではプライベートの領域になってくるので、職場の日本人スタッフにはできることに限界があります。その場合は、各自治体での介護職員への支援制度にはどのようなものがあるのかを確認し、利用できるものを活用するのも一つの手です。

私の施設では組合を通して技能実習生を受け入れたので、生活面については細かく介入する必要がありませんでした。しかし、受け入れに際して利用する制度によっては、住居の確保について支援が必要になることがあります。住居を確保するにあたっては、法人が所有している社宅や、法人が借り上げた賃貸住宅を貸与したりする方法が一般的ですが、日本人スタッフとの格差が出ないような配慮も必要です。職場と寮の距離が近いほど、定着しやすいとされています。

（3）就労

■労働条件を明示した書面を交付する

外国人スタッフと労働契約を結ぶにあたって、事業主は賃金、労働時間などの主な条件について、その外国人スタッフが理解できるように、内容を明らかにした書面を交付する必要があります。就労を開始する時点で、どのように賃金が決定されているのかという計算方法や、支払いの方法などについてきちんと説明しておき、実際に給与明細が渡されたときにも見方などを説明すると、外国人スタッフは金銭面で不安や不信感を抱かずに済みます。

特に、税金や社会保険料等の天引きについては、母国の仕組みと日本とで制度に違いがあるなどして誤解が生まれやすいポイントです。疑問が残らないように、可能であれば最初は通訳を交えるなどして、額面と実際の支給額について給与明細に沿って説明するとあとあとトラブルになりにくいです。

外国人スタッフが同僚と職場内で円滑にコミュニケーションがとれるように配慮すると同時に、生活の悩みについても相談しやすいようにしておくことが大切です。本来あってはならないことですが、ホームシックで急に帰国してしまうなどというケースもあり得ます。入国当初から寂しいとしきりに訴えていたり、折に触れて帰りたいと言ったりするような場合には、より多くコミュニケーションをとって様子を注意深く観察するようにします。

メンタル面で問題を抱えているかもしれないと感じたら、まずは本人の話をよく聞いて、サポートする姿勢を見せるようにし、程度によっては産業医や相談窓口を活用して対応することも検討します。行政が外国人労働者向けの相談窓口を設置していることもあるので、そういった機関も活用しながら適切に対応できる体制を整えていきます。

また、ケガや病気の際に適切に医療機関を活用できるようなサポートも必要です。外国人スタッフのなかには、病気になっても病院に行きたがらない人も珍しくありません。休むことで賃金の減少や、高額な治療費の発生を心配していることも多いので、病院にかかる必要が出てくる前に、日本の医療制度や費用の目安などについて、おおまかにでも説明しておくと、安心して病院に行くことができるはずです。

人によっては、こちらから休むように言わないと、体調が悪くても出勤してくる人がいます。無理をして出勤することで症状が悪化することもありますし、感染症であれば周囲にうつしてしまうリスクもあるので、体調が悪いときはどうすればよいのか、判断基準をあらかじめ共有しておくと、認識のギャップを埋めることができます。

■定期的な面談の機会を設定する

月に1回などと面談の機会をあらかじめ設定しておくと、外国人スタッフは困りごとを相談しやすくなります。相談を受ける側も、面談の機会に相談してもらったほうがじっくりと話を聞くことができます。定期的な面談の場でなければ相談できないというのではなく、緊急の相談などがあれば、必要に応じて面談を設定するようにします。

■労務管理について

外国人スタッフの労務管理は、日本人スタッフの場合と同じように適正に行わなければなりません。

外国人労働者を雇い入れるにあたって、事業主には外国人労働者の雇用管理の改善および再就職支援の努力義務が課されます。事業主には外国人雇用状況の届け出が義務づけられており、外国人を雇い入れる場合のほか、離職の際にも必要になります。

厚生労働省によって示されている「外国人労働者の雇用管理の改善等に関して事業主が適切に対処するための指針」に沿って、適正な労働条件や安全衛生を確保しながら、外国人スタッフが在留資格の範囲内で存分に能力を発揮して活躍できる環境を確保できるように適切に対応するようにします。

■必要に応じた生活支援を行う

外国人スタッフが介護現場で活躍するには、日常生活を快適に整えて健康に過ごせることが大切です。快適な住環境を整えるとともに、生活していくうえでのルールや決まりを伝えることで、トラブルを防ぐことができます。

宗教や文化、生活習慣がまったく違う国から来日している外国人スタッフは、多かれ少なかれカルチャーショックを受けることになります。それがメンタル不調につながってしまうことのないように、必要に応じたサポートを行うことは欠かせません。住環境を整えるうえでは、近隣住民の理解や協力を得て良好な関係を築くことが大切です。社会のルールや生活習慣の違いを認識してもらえるようにあらかじめ情報を共有したり、交通ルールなどの基本的な決まりを教えたりすることが大切です。

・住まいのルールの確認

外国人スタッフは母国の文化との違いによって、意図せずトラブルを起こしてしまうこともあります。なかでもよく見られるのが騒音やごみのトラブルです。

日本で生まれ育っていれば、集合住宅では生活音が漏れやすいので気をつけなければならないということは認識していることがほとんどですし、どのくらいの声を出すと騒音として迷惑になるかも、およそつかめています。しかし、来日して間もない外国人はその基準が把握できておらず、同じ国の出身者同士で集まって飲んだり食べたりするうちに騒がしくなってしまい、近隣の住民からの苦情につながることもあるので要注意です。

また、外国人が苦労するのがごみの分別です。ごみの捨て方には自治体ごとに細かい決まりがありますが、日本人でさえ迷うことがあるくらいなので、外国人が最初から間違いなくこなすのは非常に難しいといえます。ただ、ルールを守れていなければごみを回収してもらえないこともあり、近所の住民に迷惑をかけてしまうので、入居時に要点を伝えて、きちんと理解してもらうことが大切です。

・交通ルールの理解と自転車の防犯登録

外国人スタッフの移動手段は徒歩か自転車がほとんどです。自転車を利用する場合、防犯登録をするように伝えます。自転車は軽車両なので道路交通法が適用されます。交通事故のリスクを下げるためにも、交通ルールについては各都道府県の警察署等が発行している冊子などを用いて最低限のルールだけでも説明しておくと安心です。

・緊急時や災害時の対応

大規模災害や緊急時の対応について、施設で決まっていることがあれば共有します。緊急の場合にはスタッフが駆けつけることができるように、住所・連絡先などを管理して対応できるようにしておきます。

地震がほとんどない国の出身のスタッフは、そもそも地震の知識があまりないこともありますので、地震が起きたときに身を守るための行動について共有しておくと、いざというときに役に立ちます。

病気やケガで病院を受診する際には症状を正確に伝える必要がありますが、日本語のスキルが不十分だときちんと説明ができないこともあるため、スムーズに受診できるように通訳などのサポートが必要です。外国人スタッフは、欠勤することで給料が下がることを心配していることもありますので、病気やケガなどで働けないときに支給される傷病手当金の条件などについても説明し、日本で治療を続けるかどうか、本人の意思を確認するようにします。また、医療費が高額になる場合は、医療ソーシャルワーカーを交えて日本での療養が可能かどうかをよく相談することもできます。

大きな病気や深刻なケガのときには、母国の家族へ連絡をとるようにし、今後について相談します。本人が自分で連絡をとれない状態の場合は、同じ国の出身者がいれば通訳をしてもらうなどして対応します。

また、外国人介護人材の母国は家族の絆《きずな》が強いことも多く、親族の病気を理由に帰国する人もいます。きちんと相談のうえで帰国に至ればよいのですが、万が一失踪してしまった場合は速やかに警察に失踪届を出します。また、出入国在留管理局への報告も必要です。

外国人労働者が失踪してしまうことに関しては、受け入れ機関側の問題が指摘されることもあります。賃金の未払いや最低賃金以下の支払いしか行わないなどの不正行為があるケースなど、失踪した原因が雇用側にある場合は雇用側がペナルティを受けることもあります。ただ、そんな事態にならないように、常日頃から感謝と敬意をもって接し、お互いに理解し合えるように努めて、外国人スタッフがいきいきと活躍できる環境を整えていくことが大切です。

(4) 退職

退職して帰国することになった場合はさまざまな手続きが必要になります。帰国した人の口コミで母国から新しい人材が働きに来てくれることにつながる可能性もあるので、最後まできちんとサポートすることが大切です。

外国人スタッフが施設等を退職・転職した際には、退職や転職後14日以内に地方出入国在留管理局への届け出が必要で、もし14日間を過ぎてしまった場合は速やかに届け出なければなりません。

退職の申し出を受けた時点でその後の手続きや留意点について説明しておくと、事務処理がスムーズに進みます。例えば、帰国前に転出届の手続きを行わないままに帰国してしまうと、帰国後にも住民税や年金、国民健康保険料を請求されたり、年金の脱退一時金を受け取れなかったりする可能性があります。

住民税も誤解が生じやすいものの一つです。1月1日時点の居住地の市町村において、前年の1月1日から12月31日までの1年間の所得に対して課税されます。もし外国人スタッフが年の途中で帰国した場合にも、1月1日の時点で住民登録があれば、その年の分の住民税は納めなければなりません。

住民税を納めずに帰国してしまうと、滞納金を請求されることがあります。帰国する前に役所に相談して、未払いの住民税を納付します。住んでいない分の住民税を納めるのは理不尽だと感じる人もいるかもしれませんが、そういうルールなのだということを理解してもらうようにします。

多様性を認め合うマネジメント

外国人介護人材の活用が進められた背景には人材不足を解決したいという思惑があることも事実ですが、外国人スタッフが入って多様性が高まることで、今まではなかった発想が生まれたり、組織の改革につながったりすることが期待できます。

一方で、日本人スタッフと外国人スタッフの関係性がうまく築けていないと、外国人スタッフからは次のような不満が挙がってくることが考えられます。

- みんな忙しそうで仕事を教えてくれる人がいない
- 定型的な仕事しか任せてもらえない
- 入浴介助など力仕事ばかりやらされる
- 労働力として利用されている感じがして将来のキャリアが見えない
- 母国の文化が下に見られていると感じる
- 外国人という理由で日本人から差別される
- 宗教上の配慮がされていない

みんな忙しそうで教えてくれる人がいない、力仕事ばかりやらされるといった不満は、教育担当をきちんと決めておき、チームでサポートする体制をつくることができれば解決できる問題です。また、力仕事ばかりやらされるというのは、外国人スタッフの日本語能力に不安があるために、現場での最善策として一時的にそうしているのかもしれません。外国人スタッフと現状の把握や育成プランの共有、日本語学習のサポート、将来の見通し等が共有できていれば、本人も納得できる可能性があります。

母国の文化が下に見られていると感じる、外国人という理由で日本人から差別されるというのは、こちらはよかれと思ってやったことや、無意識にとっている対応が誤解を招いていることもあります。文化の違いを理解したうえで、丁寧なコミュニケーションをとるようにします。

宗教上の配慮についても、最初の時点できちんとヒアリングし、こちらができることとできないことを示せば、理解してもらえる部分もあります。

外国人スタッフの母国の文化を完全に理解しようとする必要はありませんが、日本人にありがちな「いちいち言わなくても察してくれるだろう」という考えはやめて、お互いの価値観や考え方を分かろうとしたり、歩み寄ろうとしたりすることで、ここに挙げたような外国人スタッフの不満は未然に防ぐこともできるのです。

職場のコミュニケーションが活発になって多様性を認め合うマネジメントが機能していけば、国籍を問わず誰もが活躍しやすい職場環境ができていきます。それこそが、新たな人材を呼び込むことにもつながり、グローバル循環型の人材活用を推進する力になると私は考えています。

第4章

国籍の違いにとらわれず、皆が働きやすい環境をつくる「グローバル循環型」に必要な外国人介護人材の育成・指導

日本語のスキルをいかに上げるのか

外国人介護人材の日本語スキルについて考える際、まず日本語能力試験の認定の目安を把握することで、制度ごとに外国人介護人材はどのくらいの日本語のレベルで来日するのかをおおまかにイメージできます。

ＥＰＡでは入国時の要件としてベトナムがＮ３以上、インドネシアがＮ４以上、フィリピンがＮ５以上です。介護福祉士候補者たちの大多数は、就労開始時点でＮ３以上の日本語力を身につけています。

在留資格「介護」では養成学校の入学要件でＮ２以上と定められていたり、学校でもカリキュラムのなかで日本語を学んだりしているため、日常生活に必要な日本語力に加えてある程度の応用力も身につけていることが多いです。

技能実習の入国時の要件はＮ４以上です。基本的な日本語の理解や簡単な読み書きはできますが、個人差もあります。

特定技能では入国時の要件として、ある程度日常会話ができ、生活に支障がない程度の日本語ができること、介護の現場で働くうえで必要な日本語能力を身につけていることとなっています。


外国人を採用することになったとき、私の事業所で真っ先に心配されたのが言葉の壁でした。特に、介護の仕事においてはチームで動くことが多く、同僚と情報を共有したり連携したりするためにも日本語でのコミュニケーションがとれることは重要です。また、仕事をスムーズに進めるためには、利用者と適切なコミュニケーションをとり、信頼関係を築くことが欠かせません。言葉が通じなければ円滑なやりとりをするのが難しくなり、業務に支障を来すのではないかという心配が出てくるのも当然のことです。

職場のなかで外国人スタッフの日本語のスキルを上げていくには、コミュニケーションのとり方で気をつけるべきポイントがあります。例えば、来日してから日が浅いスタッフと話すときには、話すスピードに気を配ります。どんなに急いでいても、早口で一気に話してしまわないように心がけ、ゆっくりと、意味のまとまりなどで区切りながら話すのです。使う単語にも注意を払い、なるべく簡単な言葉を選ぶようにします。そして、ダラダラと長く話すのではなく、短い文に分けて簡潔に話すほうが伝わりやすくなります。

そうやって日本語を使いながら仕事を覚えていくなかで、介護の専門用語が身についていきます。私の施設で働く外国人スタッフたちは、業務に必要な日本語はあっという間にマスターしていきました。日本語のスキルを高めるにあたっては、教室の中でテキストを使って勉強するよりも、実際の現場で身につけていくほうが、遠回りのように見えて近道なのです。

現場では実習生たちが必要な日本語を理解できるように、さまざまな工夫をしていました。

まず、技能実習生たちに仕事を教えるために使うマニュアルには、すべての漢字とカタカナにひらがなのルビを振りました。日本人は漢字・ひらがな・カタカナを当たり前のように読んでいますが、漢字だけでなくカタカナにもルビを振ることで外国人

イラストを活用したマニュアル

誤嚥《ごえん》

食事中《しょくじちゅう》にむせたり、咳《せき》が出《で》たりした場合《ばあい》は、一度中断《いちどちゅうだん》しましょう。誤嚥《ごえん》が起《お》こっている可能性《かのうせい》があるので、前《まえ》かがみの姿勢《しせい》で咳《せき》をしてもらいます。ゆっくり背中《せなか》をさすってあげるのも効果的《こうかてき》です。

落《お》ち着《つ》きを取《と》り戻《もど》せるように深呼吸《しんこきゅう》をして、症状《しょうじょう》が治《おさ》まってから食事《しょくじ》を再開《さいかい》します。なお、水《みず》やお茶《ちゃ》は、症状《しょうじょう》が出《で》ているときに飲《の》むと逆効果《ぎゃくこうか》になることがあるため控《ひか》えてください。

●呼吸《こきゅう》が乱《みだ》れている、苦《くる》しそうにしている、顔色《かおいろ》が変《か》わっているなどの状態《じょうたい》が見《み》られたらすぐに近《ちか》くにいる職員《しょくいん》を呼《よ》びましょう。

が日本語を読む際の負担を減らすことができます。

また、マニュアルにはイラストや写真を多用し、文字だけで説明するのではなく、視覚的なアプローチで理解しやすいような工夫を加えました。言葉では伝わりにくいニュアンスも、イラストや写真であれば誤解なく伝えることができる場合も少なくありません。


さらに、教育係の職員たちは業務を教える際に、実習生の表情や声の調子などをよく見ながら説明するように心がけていたといいます。なぜなら、実習生たちが口では「分かりました」と言っていても、実はきちんと理解ができていないこともあるからです。説明した内容を実際にやってもらったり、自分の言葉で説明してもらったりして、理解度を確かめるようにしていました。

指示を出すときには、主語・述語・目的語などを可能な限り省かないようにし、曖昧な表現も控えるようにすると勘違いを防ぐことができます。「たぶん」「なるべく」「だいたい」などといった曖昧な表現は誤解のもとになるので、基本的には使わないほうが無難です。

例えば、指示を出すときに「なるべく早くしておいてください」と言うのではなくて、「〇〇さん、〇〇の仕事を14時までに必ず完了しておいてください」などというように、明確に伝えるようにします。

外国人スタッフにとって難易度が高いのがクッション言葉です。日本人同士で仕事をお願いするときに「お忙しいところ申し訳ないのだけれど、〇〇をしてもらってもいいですか？」というような表現をすることがあります。しかし、日本語を学習中の外国人スタッフにとっては非常に回りくどい表現であり、誤解を生むこともあります。

例えば、仕事をお願いするときに「～してもらってもいいですか？」という言い方をすると「その仕事はしてもしなくてもどちらでもよいのだ」と勘違いされてしまうことがあります。必ずやってほしい仕事については、ストレートに「～してください」と言い切る形でお願いしたほうが、誤解なくスムーズに伝わります。

日本人スタッフが分かりやすく話すことで、外国人スタッフは理解できる内容がどんどん増えていきますし、日本人スタッフの伝え方も上達していきます。こうして、外国人の日本語能力が上がるだけでなく、日本人スタッフのコミュニケーション能力も同時に高まっていきます。

日本語に不慣れな外国人スタッフにも分かりやすく話すためのポイントは、次のとおりです。

- はっきりとした発音で、ゆっくり話す
- 短い文に区切って話す
- 敬体（です・ます調）の簡単で丁寧な言葉を使う
- 標準語で話すように心がける
- 不用意に略称を使わない
- ジェスチャーも取り入れる
- 易しい言葉に言い換える（例）嘔吐《おうと》→食べ物や飲み物を吐く
- 内容が理解できているかを確かめながら話す

このほかに、申し送りの際には口頭だけでなくメモを渡すなど、現場ではさまざまな工夫が行われています。

外国人スタッフの日本語レベルには個人差があり、人によってできることとできないことが出てきます。採用する際に、各人の日本語能力によって従事させる職務の基準をあらかじめ決めておくようにするのも一つの手です。その場合、外国人スタッフが「単純な業務しか任せてもらえない」などと不満を抱かないように、意図をきちんと説明しておきます。

外国人スタッフが仕事をしているなかで日本語能力の不足のために困ることとしては、申し送りが分からない、記録を記入するのが難しいといったことがあります。言いたいことが伝わらなくて困る場合には、スマートフォンの翻訳機能アプリなどを活用している施設もあるという話も聞きます。

さまざまな工夫をしながら接していくうちに、外国人スタッフたちは日本語スキルをぐんぐん伸ばしていくのです。

「外国人」と一括りにはできない出身国によって異なる文化

現在、東南アジア諸国の人たちが多い外国人介護人材ですが、東南アジアの国々のなかでも、出身国によってそれぞれの状況や文化は異なります。個人差はありますが、国ごとにおよそ次のような特徴があります。

■ベトナム

東南アジアの国々のなかでも、いちばん多くの労働者が日本にやって来ているのがベトナムです。ベトナム人の性格は真面目で堅実な傾向があり、日本人に似ているところがあるといわれることもありますが、一概にそうとばかりも言い切れません。というのも、ベトナムは南北に細長い地形をしていて、北部・中部・南部の地域ごとに文化圏が分かれており、特徴が異なるからです。ベトナムの北部にある首都ハノイと、南部の大都市であるホーチミンを比較してみると、その違いが際立っています。

ハノイとホーチミンでは気候が違っており、ハノイは日本と同様に四季のある「亜熱帯」です。これに対して、ホーチミンは一年を通して気温の高い「熱帯」です。この気候を反映するかのように、ハノイの人は堅実な傾向がありますが、ホーチミンの人は大らかで楽天的な傾向があるといわれます。

ハノイとホーチミンでは都市としての性格も異なります。ハノイは首都であり政治都市であると同時に歴史的な建物なども多く残っており、いわば文化の中心です。一方、ホーチミンは高層ビルが立ち並ぶ経済都市で、ビジネスの中心としての性格が強いのです。

このような地域性の違いはありますが、ベトナム人は総じて家族を非常に大切にします。そのため、ベトナム国内では家族のイベント時や、家族が病気になったときに仕事を休んでそばにいるのは当たり前と考える傾向があります。また、定時になると速やかに帰宅するのが普通になっています。ただ、残業代が出るなら長く働いて、より多く稼ぎたいと考えている人もいるので、日本で働くうえでは事前に仕事に対する認識のすり合わせをしておくことが大切です。

■インドネシア

東南アジアの大国であるインドネシアからも、多くの外国人介護人材が来日しています。インドネシアの人口は約2億8000万人で世界第4位です。インドネシアの人口増加はこれからも続くことが予想されており、いずれは人口が3億人に達するだろうともいわれています。

しかも国民の平均年齢は29歳であり、日本の平均年齢が48歳であることと比べると、いかに若い世代の多い国であるかが分かります。インドネシアの公用語はインドネシア語ですが英語も通じます。大学に進学した人であれば、基本的には流暢《りゅうちょう》に英語を話すことができます。

インドネシアは赤道付近にあって常夏の気候のせいか、のんびりしていて時間感覚にルーズな人が多いといわれます。しかも、首都のジャカルタは交通渋滞があまりにもひどくて計画が予定どおりに進まないことが日常茶飯事なので、そのために時間に寛容なのだともいわれます。

インドネシア国内では日本製の自動車やバイクがよく走っていたり、日本のアニメや漫画が広く受け入れられていたりするなど、全体的に親日的な傾向があります。

インドネシア人を受け入れるうえで必ず知っておかなければならないのは、インドネシアでは宗教文化が生活に根付いているということです。国民の8割以上がイスラム教徒であり、キリスト教、ヒンドゥー教、仏教を熱心に信仰する人もいます。信教の自由は認められていますが異教徒同士の結婚は認められず、信仰する宗教が違う場合は片方が改宗しなければ結婚できません。このように、日本人の宗教に対する感覚とは大きく異なる点があることを認識しておかなければなりません。

さまざまな宗教を信仰する人たちが同じ職場で働いているインドネシアでは、互いの宗教を尊重し合う風土があります。例えば、イスラム教徒は朝から夕方にかけて1日5回のお祈りをします。仕事中にもお祈りの時間が必要になるので、インドネシアでは就業時間中にお祈りの時間を設けることを会社が認めているケースも多いといいます。信仰の度合いには個人差がありますが、インドネシア人の受け入れを考える際には、施設側が柔軟に対応していくことが可能かどうかを十分検討する必要があります。

介護の現場でインドネシア人の受け入れをしようとする場合、ネックとなるのが「ヒジャブ」です。敬虔なイスラム教徒は外すことを拒む人が多いようですが、衛生面から看護師がナースキャップをかぶらなくなったのに、介護スタッフがヒジャブをかぶったまま業務にあたるのを許容するのは医師である私としてはどうしても抵抗がありました。そのため、私の施設ではインドネシア人の受け入れを積極的に行うことはしていません。

■フィリピン

フィリピンの人口は1億人を超え、今後も2054年頃までは増え続けることが予想されています。いずれは人口が2億人に達するだろうとの試算もあります。

フィリピン人の大半がキリスト教徒であり、宗教上の理由から中絶が禁止されていたり、離婚制度がなかったりすることも人口増加の要因の一つだといわれます。

フィリピンの平均年齢はインドネシア以上に若く約24歳です。労働力を担う若者が多い国ですが、フィリピン国内では賃金が安いために海外へ出稼ぎに行くことが当たり前のようになっています。出稼ぎに行った人たちが本国へ送金する金額が、フィリピンのGDPの約1割を占めていることからも、いかに出稼ぎに行く人が多いかがよく分かります。

南国の温暖な気候で育つためか、フィリピン人は、一般的に陽気で明るくフレンドリーな性格だとされます。見ず知らずの人とも抵抗なくコミュニケーションをとれるので、海外でもすぐに周囲になじみやすい傾向があります。英語が公用語の一つになっていて、ほとんどの人が英語を問題なく使いこなせます。そのため英語圏へ働きに行く人が多いのですが、海外へ出ることに抵抗がない人が多く、日本のような非英語圏へも多くやって来ています。初対面であっても親身になった対応ができ、明るく笑顔で接する国民性のため、介護の仕事のような、人とのコミュニケーションが肝となる職種に適性が高いといえます。

一方で、フィリピンではその日暮らしの人が多く、将来のことまで考えて計画的に動く人はあまりいないとされます。そのため、基本的に計画性があまりなく、時間にルーズな人も多くて細かいことは気にしない傾向があります。一緒に仕事をする際には、時間を守ったり、細かいことにも気を配ったりする必要性を理解してもらうことも必要になります。

フィリピン人は家族を非常に大切にするので、フィリピン国内では家族が理由となる遅刻や欠勤をしてもとがめられることはあまりないといいます。家族との時間を削ってまで残業をすることもありません。

フィリピン人の多くは家族の絆が強く、結婚したら家族のみならず親戚まで養うくらいの感覚をもっています。親戚も含めて、もし家族が病気にでもなれば面倒を見るのが当たり前とされていますが、フィリピン国内の賃金水準では一族をなかなか満足に養うことができません。そのため、高い給料を求めて、海外へ働きに行くという行動につながっています。

■ミャンマー

近年、来日者数が増えているのがミャンマーです。ミャンマーでは2021年2月に国軍によるクーデターが発生しました。これにより、当時の国家顧問であったアウン・サン・スー・チー氏やウィン・ミン大統領、国民民主連盟の幹部などが国軍に拘束されるという事態になりました。

アウン・サン・スー・チー氏は2016年からミャンマーの政権を率いてきた人物で、ミャンマー政府の事実上のトップでしたが、クーデター後に懲役と禁錮を合わせて33年の判決が出ています。これ以降、ミャンマー国内の政治・治安は非常に不安定な状態になりました。大統領を元首とする共和制国家から、国家統治評議会議長を国家指導者とする軍事政権に代わり、これに対する抗議デモや武力衝突が起こり、軍による民主派勢力への弾圧が激しくなりました。

諸外国が経済制裁を行ったことでミャンマー国内の経済は停滞し、物価が急上昇することになります。もともとミャンマーは給与水準が低かったのですが、人々の暮らしはますます厳しくなりました。失業者が増え、貧困層も拡大しています。

このような状況から国外へ避難しようというミャンマー人が増加するようになりました。かつてミャンマーがイギリスの植民地であった頃、日本が独立に大きく貢献したという歴史的経緯があり、ミャンマーは昔から親日派の人が多い傾向があります。また最近では日本のアニメや漫画などがミャンマーで人気を博しており、日本や日本の文化に対して親しみをもっていることが多いのも、日本へやって来るミャンマー人が増えている要因の一つといえます。

日本政府は2021年5月28日以降、ミャンマーにおける情勢不安を理由に日本への在留を希望するミャンマー人について緊急避難措置として在留や就労を認めました。2023年1月末に厚生労働省が発表した「外国人雇用状況」の届け出状況によれば、日本で就労するミャンマー人は4万7498人に上ります。対前年の増加率を見てみると37・7％で、大きく増加していることが分かります。

ミャンマーから来日する人が増えるにつれて、ミャンマー人のコミュニティが形成されるようになりました。私の施設で働くミャンマー人のスタッフは、近隣に住むミャンマー人同士のつながりのほか、インターネット上のコミュニティで情報交換をするなどしているそうです。

ミャンマー人の多くは仏教徒であり、徳を積むと良いことがあるという考え方が根付いているため、基本的には慈悲深く温和です。人前で激しく怒るようなこともほとんどありません。怒りを表すことは良くないとされており、穏やかさが尊ばれる文化があるからです。家庭以外で叱責されることに慣れていないので、大勢の人がいる前で厳しい口調で注意をされることに抵抗のある人が多いとされます。私の施設でも、改善してほしいことがあった場合は人前で注意するのではなく、一対一で話せる場所で諭すように話しています。

ミャンマー人のスタッフを見ていると、家族をとても大切にしていることがよく分かります。また、目上の人を敬う文化があり、意思決定の際は両親の意向が強く働くことも多いそうです。私の施設で働くミャンマー人たちは、働いて得た給料を自分のために使うよりも、家族のために送金することを優先していました。できる限り連絡を取り合っており、家族との絆も強いことがうかがえます。

大家族で育ったミャンマー人は、日本での一人暮らしを始めると寂しさを感じる人も少なくありません。職場や寮などにミャンマー人の先輩や同期がいれば安心できますし、今はSNSなどを介して日本にいるミャンマー人同士でつながることもあります。私が運営する施設では、組合を通してミャンマー人を受け入れました。その組合がアパートを借り上げて寮としており、近辺の施設で働くミャンマー人がそのアパートに住んでいたため、勤務先に関係なく交流をしていました。出身国が同じでも人間同士ですので、時にはけんかになることもあるといいますが、コミュニティがあることは寂しがりなミャンマー人たちが母国を離れて働くうえでの心のよりどころにもなります。

文化の違いを理解し合うことで相乗効果が生まれる

私の施設で受け入れた外国人スタッフのなかには、自分の部屋にテレビはいらないという人もいました。確かに、スマートフォンがあれば自分が必要とする情報にはアクセスできますが、どうしても得られる情報には偏りが出てしまいます。一方、テレビのローカル局の番組を見ていれば、自ずと地域の情報が幅広くインプットできます。

実習生のなかには、来日後に間もなく新型コロナウイルスのパンデミックの時期にあたってしまった人たちもいました。本来なら、地元の史跡や観光スポットなどを案内したかったのですが、自粛期間には実現が難しく、日本の文化に触れる機会がなかなかとれませんでした。業務のことだけを考えるのなら、周辺の観光にまで連れていく必要はありません。ただ、外国人スタッフのサポートは、単に仕事を教えることだけではありません。日々の生活のなかで日本の文化に触れる機会をつくり、日本への理解を深めてもらうようにすることで、日本は住み心地の良い国だと感じてもらうことも大切です。

また、一方的に日本のやり方を押し付けるのではなく、違いを理解し合うことは信頼関係を築くことにもつながります。業務を粛々と進めていくということだけを考えれば、日本人スタッフが外国人スタッフの母国の文化を理解する必要はないのかもしれません。しかし、日本人スタッフが相手の文化に興味をもち、外国人スタッフの話に耳を傾けることで、自分たちはただの労働力として利用されているのではなく、母国の文化ごと尊重されて頼りにされているという感覚を得ることができます。これは、日本人スタッフと外国人スタッフがチームになって働くときに、信頼関係を築くうえでとても大切なことです。

信頼関係ができていれば、それは職場環境や仕事の質にも反映されます。外国人スタッフを、ただ単に人手を補充するためのコマとしてとらえていては、外国人スタッフのモチベーションも上がりませんし、日本人スタッフと外国人スタッフの間に埋められない溝ができてしまいます。そうなれば、職場環境は殺伐としたものになりますし、仕事の効率も落ちてしまいます。

一方、お互いの文化を理解し、尊重し合って信頼関係を構築していくことができれば、仕事の効率が上がるだけでなく、日本人にはなかった視点から業務改善の意見が上がってくることも十分に考えられます。1＋1が2どころか、3にも4にもなるような相乗効果が期待できるのです。

日本人が見落としがちな宗教のこと

受け入れる外国人スタッフが、日本人の多くにとってあまりなじみのない宗教を信仰している場合であれば、宗教による習慣の違いがあることは最初から予想できますので、事前に対応策を十分に検討するなどの準備ができます。しかし、うっかり見落としがちなのが、日本人にもなじみのある仏教を外国人スタッフが信仰している場合です。現在、日本人の多くは仏教徒であるとされていますが、実際に仏教に触れるのは葬儀や法事のときだけという人も少なくありません。これに対し、例えばミャンマーの場合でいうと、日常的に戒律を守って暮らしていたり、毎日瞑想《めいそう》のために寺院を参拝したりする習慣のある人も少なからずいます。

イスラム教徒のように、女性はヒジャブを着用しなければならなかったり、一日のうちに何度も礼拝が義務づけられたりしているのでなければ、業務に支障が出ることは少ないと考えられます。実際に、私の施設では外国人スタッフの宗教のことでトラブルになったことはありません。しかし、同じ仏教だからと考えていると、お互いの認識のギャップに気づけないこともあります。

日本では宗教の話題はタブーのようになっている面もありますが、外国人を受け入れるうえでは、どんな宗教を信仰しているのか、信仰している宗教にはどのような習慣があるのかなどを事前に確認しておくと、無用なトラブルの防止に役立ちます。

利用者や利用者家族によくある勘違い

私の施設では、外国人スタッフの受け入れを開始する際、利用者や利用者家族には、施設内にお知らせの文書を掲示し、必要に応じて口頭での説明をするという方法をとりました。利用者や利用者家族ともに、最初はなんとなく不安そうなそぶりを見せる人もいましたが、実際に外国人スタッフが入って接しているうちにすぐに慣れていきました。最近では、外国人スタッフが休暇をとっていると、「〇〇さんの姿を見ないけど、どうしたの?」と心配してくれる利用者もいるほどです。

外国人スタッフが入ることを知って、当初は言葉が通じないことに対して不安を抱いたり、適切な介護をしてもらえるのかを心配したりする人もいました。しかし、実際に外国人スタッフと接していると、これらはまったく問題ないことが分かり、安心してもらえることがほとんどです。

認知症が進むなどしている利用者のなかには、外国人スタッフに心ない言葉を浴びせる人もゼロではありません。また、介護は人間同士のコミュニケーションなので、人としての相性の問題もあります。そういった問題があった場合には速やかに配置を変更するなどして対応しています。外国人スタッフには、利用者や利用者の家族から何か言われたときには、自分で解決できることでも、そうでなくてもすぐに報告や相談をするように伝えています。

最初の外国人スタッフの受け入れから年数を重ねるごとに確信しているのは、外国人スタッフだから介護の質が落ちることはないということです。むしろ、外国人スタッフから母国の文化を教えてもらって刺激を受け、異文化に触れることを楽しんでいる利用者もいます。

日本人スタッフと外国人スタッフとの間に起こりがちなすれ違い

日本人にとっては当たり前のことが、外国人には当たり前ではないことがあります。よくあるすれ違いには次のようなものがあります。

■時間の感覚

日本の交通機関が数分の遅れで謝罪のアナウンスを流すことに多くの外国人が驚く

ように、日本は時間に非常に厳格な面があります。一方で、外国人スタッフのなかには時間をあまり気にせずに暮らしてきた人も多くいます。

外国人スタッフを受け入れる際には、時間に遅れることでどのような影響が出るのかをしっかり伝えて理解してもらわなければなりません。

ただ、日本人は始業時刻には厳しいのに終業時刻にはルーズであるという点があり、外国人からすると違和感があることも少なくありません。お互いに時間への感覚の違いを認識して、日本人も見直すべきところは見直す必要があるといえます。

■謝らない

日本人は何かトラブルがあったときに、ひとまず謝っておくことで事を荒立てるのを防ぎ、円満に解決に導こうとする傾向があります。そのため、外国人スタッフが何かあったときにいっこうに謝ろうとしないと、悪いと思っていないのだろうかなどと違和感を抱くことがあります。

これは必ずしも外国人スタッフが自分は悪くないとか、自分の責任ではないと考えているわけではありません。表現や行動の仕方における社会規範の違いからくるものです。日本人が常識だと思っている考え方や行動が外国人にとっては当たり前でないということを念頭においたうえで、外国人スタッフと接することが大切です。

■物を「譲る」ことへのとらえ方

来日したばかりの外国人スタッフは衣類や家具などに足りないものがあって困っているのではないかと考えて、善意から、「私はもう使わないからあげる」などと言って譲るのは要注意です。受け取る側は「本来捨てるようなものなのに、外国から来た自分なら使うのではないかと考えて贈ったのではないか」などと侮辱的な扱いを受けたと感じてしまうことがあるからです。

■もてなし方

プライベートでの交流を深めようと、外国人を自宅に招待するときのもてなし方も要注意です。例えば、日本の食文化を知ってもらう機会にしようと考えて、一般的な家庭料理を振る舞ったらそれが裏目に出るというケースがあります。客人をもてなすときは、いかに特別なごちそうを準備するかが歓迎の度合いを測る基準となっている国で育った人にとっては、日常生活と変わらない家庭料理を出されると「自分は歓迎されていないのではないか」という思いを抱かれてしまうことがあります。また、割り箸を出されることに差別を感じることもあるといわれます。

日本人の感覚でよかれと思ってやったことが、相手を傷つけることにもなりかねないので、日常的にコミュニケーションをとるなかで、相手の文化への理解を深めておくことが大切です。

私の施設で日本人と外国人の間に認識のギャップを感じさせられたことの一つが食事です。日本人であれば、献立表を見ればどんな料理が出てくるか想像がつきますし、和食のマナーも幼少期から自然に身につけていきます。

介護現場の仕事の一つに食事の介助があります。食事の介助について、ひととおりのスキルを教えたあとに任せてみたところ、外国人スタッフたちはある器に盛られたおかずを平らげるまで口に運び、次にまた別の器のおかずを食べさせ続けるという食べさせ方をしていました。日本人スタッフに仕事を教えるときに、そこまでの説明をしたことがありませんでしたが、ミャンマーの食文化を考えればそうなるのが当然でした。ミャンマーの料理は大皿でテーブルに並びます。それに対し、白ご飯が盛られたお茶碗に、小鉢がいくつも並ぶというのが日本食の定番です。一つのおかずを一気に食べるのではなく、おかずとご飯を順番にバランスよく食べるという「三角食べ」も、外国人からすれば当たり前ではありません。見慣れないスタイルの食事をどう食べさせればよいものか考えた結果、端から順番に食べさせることになったといいます。

また、外国人スタッフたちにとって、どの料理がどんな味なのかを見た目から想像することが難しいということがあります。そもそも使われている食材や調味料になじみがないものも多いので、甘いのか、辛いのか、酸っぱいのか、苦いのかという判断がつきません。そのため、一目見ただけではどれがデザートなのか分からないということが起きます。これは受け入れ前には想定していなかったことで、外国人スタッフがデザートの入っている小鉢を真っ先に手に取って食べさせようとしているのを見て、教育係が食文化を教えることの必要性に気づいたのでした。

私の施設ではこれらの経験から、試食会を行って料理を実際に味わってもらうことにしました。どんな順番で食べていくとよいかということも教えることで、食事の介助もスムーズに進むようになりました。

また、実習生たちと関わっていくなかで、味の感じ方の度合いにも違いがあることが分かってきました。ミャンマーは辛い食べ物が多いためか、ミャンマーからやって来たスタッフたちの辛いと感じる度合いが日本人とは大きく異なっていたのです。個人差があるとはいえ、日本で普通に売られている唐辛子では少しも辛いと感じないと話す人もいるほどです。

味の感じ方の差異は目に見えない部分ではありますが、その違いを知っているのと知らないのとでは、仕事の教え方も異なってきます。

外国人スタッフがつまずきやすいポイント

日本で生まれ育った人が学校教育や家庭などで身につけた常識は、ほかの国の出身者にとって当たり前でないこともあります。外国人スタッフが介護の現場で仕事をするにあたってつまずきやすいポイントには次のようなものがあります。

■チームで働くということ

日本の介護の現場では、介護計画に基づいてチーム全体で利用者の介護にあたります。そのため、チームで情報を共有して、お互いにカバーし合いながら仕事をすることになりますが、国によっては「個」の意識が強く、日本人から見ると協調性に欠けていると感じられることもあります。介護スタッフやほかの職種のスタッフと連携しながら、利用者の状況を多角的に見てチームで介護にあたることを理解してもらう必要があります。

チームで仕事にあたるうえで大切なのが「報告・連絡・相談」の徹底です。これは日本人の場合にも同じことがいえますが、人によってはミスをしてしまったことを「恥」であるととらえて、人に相談したり頼ったりせずに自力で解決しようとする場合もあります。事故やトラブルが起きたときには、必ず報告することが大切なのだということを伝えることが重要です。

もし、外国人スタッフが間違った対応をした場合には、何について、どのように間違えていたのかを明確に指摘しなければなりません。相手を傷つけないようにと考えて曖昧な表現で伝えてしまうと、外国人スタッフには何をどう間違えていたのか伝わりにくいことがあるので注意が必要です。

■日本語でのコミュニケーション

日常のコミュニケーションに問題はなかったとしても、申し送りの際に共有される情報についてスムーズに理解できるとは限りません。介護福祉士資格を保持している外国人スタッフであっても、すべての内容を瞬時に理解できないこともあるといいます。申し送りで情報がきちんと伝わらないと、業務に支障を来すことも考えられます。分かりやすい表現を使って、ゆっくりとした口調ではっきり伝えることが大切です。

日本語の読み書きでのコミュニケーションはさらに難易度が上がりますので、多くの外国人スタッフが苦労するところです。介護記録については、具体例を見せながら教えたり、一緒に記録をしたりするなどのサポートが必要になることもあります。

職場での人間関係ができてくると、周囲の日本人スタッフの理解力も上がってきます。介護現場で働くスタッフは察する力が高い人が多いため、外国人スタッフが日本語で上手に話せなくても意図を汲み取ってコミュニケーションが成立するようにもなってきます。それ自体は素晴らしいことですが、外国人スタッフのスキルアップを考えると、日本語を使用してきちんと説明ができるように指導していくことも必要です。

いかに受け入れ施設側の体制をつくっていくか

私の施設では、技能実習生を受け入れるにあたって監理団体の助言を受けながら体制を整えていきました。監理団体にはこれまでの事例の蓄積があり、外国人技能実習生受け入れについてのマニュアルもあったので、参考にしながら準備を進めました。

技能実習指導の体制としては、技能実習責任者・技能実習指導員・生活指導員が必要で、加えて日本語学習指導者などを必要に応じておくことになります。

技能実習の目的はあくまでも技能の移転ということになるので、ただ業務を行うだけでなく、一定水準以上のコミュニケーション能力を身につけたり、介護実践の考え方を学んだりしていくことが求められます。

技能実習は期間によって次のように分けられており、それぞれについて、修了時の介護技能の到達水準が示されています。

●技能実習第1号（入国1年目）
指示のもとであれば、決められた手順等に従って、基本的な介護を実践できるレベル
●技能実習第2号（入国後2～3年目）
自ら、介護業務の基盤となる能力や考え方等に基づき、利用者の心身の状況に応じた介護を一定程度実践できるレベル
●技能実習第3号（入国後4～5年目）
自ら、介護業務の基盤となる能力や考え方等に基づき、利用者の心身の状況に応じた介護を実践できるレベル
『外国人技能実習生受け入れマニュアル』

それぞれの期間が終了する際に到達水準をクリアできるように、技能実習計画を作

成し、計画が妥当かどうかの認定を外国人技能実習機構から受けます。技能実習計画が認定されればそれでよいというわけではありません。認定計画のとおりに技能実習が行われていない場合などには、実習認定が取り消されることもあるので、実習の進め方には注意が必要です。

技能実習計画をつくっていく際には、技能実習予定表を作成しなければなりません。実習生の行う業務は、必須業務・関連業務・周辺業務・安全衛生業務に分類され、それぞれ時間数の基準があります。業務に従事させる時間数の合計を基準に、それぞれの業務の配分を計画していきます。

必須業務となる身体介護（入浴・食事・排泄等の介助）については、業務に従事させる時間全体の半分以上、関連業務となる身体介護以外の支援（掃除・洗濯・調理等）、記録・申し送り等の間接業務については、業務に従事させる時間全体の半分以下になるようにします。お知らせ等の掲示物の管理といった周辺業務については、業務に従事させる時間の3分の1以下、技能実習生の現場での事故や疾病を予防するための安全衛生業務は、必須・関連・周辺業務の各10分の1以上と定められています。

最初の受け入れの際には、それぞれが基準の時間数に収まるか、教育係の職員が一生懸命計算しながら計画を考えてくれました。ただ、実際に計画を実施してみると、通常どおりに業務を進めていればおよそこの時間数の配分に収まることが分かってきました。

この技能実習予定表に加えて、どのような内容の実習を行うかを詳しく記した書類をつけます。

実習計画はその内容を技能実習生にきちんと説明することが重要で、計画に組み込まれていない業務などを実習生に行わせることはできません。技能実習計画を変更したり修正したりする場合には、事前に外国人技能実習機構の認定を受けるか、１カ月以内に届け出をしなければなりません。

実習生を受け入れるにあたっては、すべての職員へ周知して必要な情報を共有しておくことが大切です。特に、初めて外国人スタッフを受け入れる場合には職員も戸惑いかねません。

例えば、技能実習生はどのような立場で従事するのか、実習指導はどのように行わ

業務や指導内容を記録する技能実習日誌

技　能　実　習　日　誌

（　　　年　　　月分　）

技能実習生氏名　：

月	日	曜日	技能実習生に従事させた業務		技能実習生に対する指導の内容	指導者氏名	指導員確認印
	1						
	2						
	3						
	4						
	5						
	6						
	7						
	8						
	9						
	10						
	11						
	12						
	13						
	14						
	15						
	16						
	17						
	18						
	19						
	20						
	21						
	22						
	23						
	24						
	25						
	26						
	27						
	28						
	29						
	30						
	31						

れるのか、技能実習生にはどのように接すればよいのかといったことを事前に伝えておきます。

計画に沿って実習が行われているかどうかを、チェック表を用いて確認し、評価をします。また、実習ノートを用意して、日々の実習の内容や質問・感想などを本人が記入し、実習指導者が確認するようにします。必要に応じて面談などの機会を設けて、困りごとを解決していきます。

実習指導者は実習生がそれぞれの業務を理解できているか、質問がないかを確認しながら指導していきます。実習生に付き添って見守り、困ったことがあればいつでも相談ができるようにしておきます。実習生が一人でいるときに利用者や利用者の家族から質問されたり頼まれたりした場合には、必ず報告・相談するように伝えておくことが大切です。指導者が利用者や利用者の家族に直接確認し直すようにすることで、無用なトラブルを防ぐことにつながるからです。

今後、技能実習制度は廃止されて新しい制度になる見込みですが、私の施設では受け入れ体制を整えていくうえで監理団体からノウハウを共有してもらったことで、比較的スムーズに受け入れを進めることができました。

初めの一人がロールモデルになる

海外からやって来た外国人介護人材が日本の環境になじみ、キャリアアップして働いている姿は、新たに来日する人たちのロールモデルにもなります。

私の施設では、最初に受け入れた技能実習生の話に刺激を受けて新たに日本に働きに来てくれた人もいます。評判を聞いて自分も日本で介護の仕事をしてみようと思う人はこれからも増えていくに違いありません。そう考えると、最初の一人にどのように接し、いかに育てていくかが、グローバル循環型の人材活用を進めていくうえでの第一歩として非常に重要になります。

日本に働きに来る外国人介護人材のなかには、日本に永住して働き続けたいと考える人もいれば、母国に戻って働きたいと考える人もいます。日本で働き続けたいという人には、介護福祉士の資格取得を支援するなどして、在留資格「介護」を取得できるようにサポートすることで、そのまま日本で長く活躍してもらうことができます。また、母国に介護施設を増やしていけば、母国に帰って働きたいと考える人には母国の介護施設で働いてもらうという新たなキャリアパスを示すことができます。そうすれば、これまで家族の都合などで母国に帰ることになって介護の仕事を諦めざるを得なかった人でも、身につけた技術を活用して働き続けることができるはずです。そうやってさまざまな働き方を示すことができれば、働き先として日本を選んでもらえるようにもなるはずです。

日本の介護人材不足は深刻さを極め、最近では日本人の介護人材のみならず、外国人介護人材の採用も難しくなっているケースもあると聞きます。すでに私たちが外国人介護人材を選ぶのではなく、外国人介護人材に選んでもらうというフェーズに入っているともいえます。現在は円安の影響で仕送り額が目減りしており、物価高も進んでいる日本の経済状況は、外国人の採用には逆風です。

そう考えると、最初の一人とどのように接するか、いかに育てていくかが非常に重要になってきます。外国人介護人材の目に魅力的に映る環境や働き方を提示できるかどうかによって、今後より多くの外国人介護人材を引き寄せられるかどうかが決まるともいえるのです。

第5章

日本で育てた優秀な外国人介護人材が
母国で働ける仕組みを構築
「グローバル循環型」で
日本と途上国は〝Win-Win〟になれる

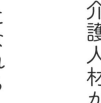

1台のベッドに2人の患者
～医療途上国の医療レベルの現状～

私は海外に日本語学校を設立したり、老人ホームをつくったりして、グローバル循環型の人材活用を進めるべく、試行錯誤しながら取り組んでいます。これらの活動の根本にあるのは、医療途上国の医療レベルを目の当たりにし、愕然《がくぜん》とした原体験です。

日本で病気やケガをしたとき、病院へ行けば当たり前のように適切な治療が受けられます。もし入院することになれば、当然のように1人の患者に1台のベッドが用意されることは間違いありません。

しかし、世界に目を向けてみると必ずしもそれが当たり前ではない国があるのです。私が知る限りでも、ミャンマーやベトナムなどでは、1台のベッドを複数の患者が使うということが当たり前のように行われていました。医療設備が整っていない国では、日本の医療現場では非常識とされるようなことがまかり通っていることもあるのです。

私の運営する介護施設でミャンマーからの技能実習生を受け入れて驚いたのは、体調が悪くても病院に行くという発想がないことでした。それもそのはずです。ミャンマーは医療の面においても決して高いレベルにあるとはいい難い状況にあり、日本のように気軽に病院にかかれる環境でもないからです。

そもそも、医療途上国では医療従事者の不足が非常に深刻な状況にあります。日本でも医療従事者の不足が問題とされることがありますが、その比ではありません。

新型コロナウイルスが世界中に広がっていたとき、日本でも医療現場の逼迫《ひっぱく》具合が連日報道されました。しかし、ミャンマーではそれをはるかに超える危機的状況に追い込まれていました。

ミャンマー保健省によると、2021年末までのコロナによる死者数は2万人近くに達したとされます。これだけでも、東南アジアで4番目に高い死亡率ですが、この数字には病院で死亡した人の数しか入っていません。当時、満床になっていた病院に入ることもできず、治療を受けられないまま自宅で亡くなった数え切れない人たちは含まれていません。これは医療が正常に機能していたとはいい難い状況です。

また、ミャンマーでは軍事クーデターが起き、この政変に反発した医師たちが逮捕されたり投獄されたりしました。ただでさえ数の少ない医師たちが減って、ミャンマーの医療は今なお厳しい状況におかれていると聞きます。

また、多くの人が経済的な理由で医療にアクセスできずにいる状況も見過ごせません。ミャンマーでは日本のような保険制度も整備されておらず、医療費は全額を患者が負担することになる場合もあります。貧困層の住民にとって、高額な医療費を支払うことは到底できず、病院を受診するうえでの高いハードルとなります。そのため、病状が悪化してどうしようもない状態になって初めて受診することも少なくありません。すぐに命に関わることのない疾患であれば、治療を受けることもなく放置します。日常生活に不便を感じながらも、仕方なくやり過ごすしかありません。その結果、現代の医学によって初期に適切な処置を行えば救えた命でも、なすすべもなく失われていくのです。医療先進国である日本で長年医療に携わってきた私にとって、これは看過できない状況です。

ミャンマーに日本語学校をつくった理由

医療途上国の現状を知るにつけて心が痛むのですが、さらに視野を広げると、社会福祉の整備も不十分である現実が見えてきます。

ミャンマーの場合、貧困家庭に生まれた子どもは、まだ幼いうちから働かなければ暮らしていけません。子どもたちは労働力としてお金を稼ぐことが優先され、教育を受ける機会も与えられません。教育を受けていない子どもが社会的に自立することは困難であり、独力で生活していけるだけの収入を得られず、さらなる貧困に陥っていきます。ひどいケースでは、子どもたちが日本円にして数万円ほどの値段で人身売買の対象になることもあると聞きます。

貧困にあえぎながら、病気になっても満足な治療を受けることもできずに暮らさざるを得ない人たちの存在を知って、私にできることはないだろうかと考えるようになりました。

ミャンマーの日本語学校での授業

そんななか、ミャンマーで日本語学校をつくりたいと考えている知人の話を聞く機会がありました。彼の話によると、すでに校舎となる建物の目星もついており、日本語を教える教師の確保もめどが立っているということでした。そこで、私が資金を出し、2015年にミャンマーに日本語学校を開校しました。

現在は100人程度が日本語を学び、日本語能力試験N5、N4の合格に向けて勉強しています。

日本語学校で学び、働くために日本にやって来る人たちは、100万円ほどの学費を借金で賄って日本語学校で学ぶのが一般的です。ミャンマーの平均年収が

ミャンマーの日本語学校

約38万円であることを考えると、どれほどの覚悟で日本語学校に学びに来るのかがよく分かります。

実習生たちは自分が働いたお金をわずかに手元に残し、あとは母国の家族に送金します。日本人の感覚からすると、自分のためのお金がそんなに少額で、本当に暮らしていけるのかと心配になるほどです。そこにさらに奨学金の返済が重くのしかかるようでは大変だろうと考え、私がつくった日本語学校では奨学金制度を設けました。日本に来て5年働いたら奨学金は返還しなくてよいという決まりにしたのです。私としては、日本語学校を経営することで利益を出そうとは考えていません。ミャンマーの人たちが少しでも少ない負担で日本語を学び、技能実習生として日本に来て働いて日本の技術を身につけ、いずれは母国の医療や介護の発展に役立ててもらえればという思いで運営しています。

パブリックホスピタルとプライベートホスピタルの格差

ミャンマーでの日本語学校に加えて、私が近年取り組んでいるのがバングラデシュに老人ホームをつくることです。

バングラデシュは三方をインドに囲まれ、東南部はミャンマーと国境を接しています。国土のほとんどがガンジスをはじめとする大河の三角州地帯にあり、南部の多くは湿地帯になっています。面積は日本の約4割の広さであるのに対し、人口は約1億7000万人で、人口密度が非常に高い国です。

バングラデシュの首都であるダッカでは、最新設備を導入して先進的治療が行われている病院もあります。しかし、バングラデシュでもミャンマーと同様、医師や看護師などの医療従事者が日本に比べてかなり少ないのが現状です。

最新の設備があったとしても、看護スタッフが少なければ十分な治療を継続することは難しく、24時間体制で対応できる医療機関は非常に限られています。また、がん治療などの先進医療が必要になっても医療環境が十分に整っているとはいえません。医薬品を薬局で購入することもできますが、高温多湿のなかで保管されているうえ、有効期限切れ間近のものも少なくありません。

首都のダッカであっても、病院設備が不十分であったり、十分な説明もなく治療が行われたりすることもあり、日本人が医療に抱くイメージとは大きく異なります。専門的な治療や入院を要する場合、金銭的に余裕のある人は、わざわざ国外の病院に行って治療を受けるといいます。

病院を受診する際には、まず基本の診察料を支払ってから診察を受け、検査が必要な場合にはその都度検査料を支払ったあとに領収書を持参して検査部門へ行くという方式になっていることが多いです。処置を受けた場合は、医師が発行した処置票を病院の会計に提出して、最終的な支払いを済ませます。プライベートホスピタルでは高額な診療費が想定される場合、デポジットを要求されることも少なくありません。

政府系のパブリックホスピタルと私立のプライベートホスピタルでは設備や治療内

容について格差が広がっており、かかるお金も大きな差があります。バングラデシュのプライベートホスピタルで医療を受けると、比較的質の高い医療を受けられますが、高額な医療費を請求されます。そのため、プライベートホスピタルでの治療を受けられるのは富裕層に限られます。一方、パブリックホスピタルは診療費が安いために患者が殺到する状況となっており、十分な医療サービスを受けるのは難しいといわざるを得ません。

老人ホームをバングラデシュに

高いお金を払えば十分な医療サービスを受けられるけれど、お金がなければ諦めざるを得ないという状況は、望ましい状態ではありません。

それは介護サービスにおいても同じです。

東南アジアでは、高齢者の介護は家族がするのが当たり前というところもまだ少な

バングラデシュの老人ホーム

くありません。しかし、いずれは東南アジアの各国でも高齢化が進むことが予想されており、そうなれば今の日本と同様、介護の負担が若い世代に重くのしかかることになるはずです。

そこで、高齢化が深刻になる前に我々が主導して老人ホームをつくり、介護の文化を根付かせておけば、未来を変えることができるのではないかと考えています。

この夢は実現し、2024年12月20日にバングラデシュで老人ホームをオープンすることになりました。本来はミャンマーに最初につくるべきでしたが、ミャンマーの情勢不安があり、隣国であるバングラデシュにつくりました。いずれは

入口付近

ミャンマーにもつくる予定です。日本で介護の技術を身につけた外国人スタッフが母国に帰って働けるようにすれば、日本の高い介護サービスの質をそのままに提供することができるからです。

さらに、バングラデシュの施設と私の施設で3カ月交替の交換留学実習を行う計画を立てています。これも各国の施設との間でも実現したいと思っています。

一方、日本は今後人口減少の一途をたどることが予想されます。そうしたなかで、若い働き手の数は減少し、医療介護の現場では人手不足が非常に深刻な状況です。私が拠点としている岩手県と宮城県の県北でも地元の大学で医師や看護師を志望する学生を育てたとしても、優秀な人材が東京をはじめとする都市部に出て行ってしまうという現実があります。

そんななかで、人手を確保するために海外の若者を積極的に受け入れることに可能性を見いだし、私はいち早く外国人スタッフの採用・育成に取り組んできました。

当初は、受け入れるにあたって現場の担当者たちが不安を感じていたことは紛れもない事実です。しかし、実際に採用してみると、利用者の方々からも特に大きな抵抗もなく受け入れられ、外国人スタッフたちは欠かせない存在となっています。また、文化の異なる外国人スタッフを受け入れたことで、現場がより多様性を許容できるようになってきたのも喜ばしい変化でした。

日本に働きに来た外国人スタッフは、本当は母国に帰って家族の近くで働きたくても、身につけた介護スキルを活かして働ける施設がないために断念せざるを得ない場合もあります。そんなときに、母国に介護施設があれば状況が変わります。母国で日本語を学び、日本に行って介護技術を身につけ、母国に戻ってきて働くという働き方をしている人が出てくれれば、その働き方に魅力を感じる若者も出てくるはずです。日本語を勉強して日本へ来てくれるようになり、介護人材が循環するようになれば我々としても助かります。私はそんなグローバル循環型の人材活用を目指し、外国人介護人材も私たち日本人もお互いに幸せになれるような仕組みを整えることに尽力している途上にあります。

世界的に見てもハイレベルな日本の医療・介護

多くの国で、介護は家庭内で主に女性によって行われてきました。日本では核家族化が進んだことに加えて、女性の社会進出とともに共働き世帯も増え、急激に介護サービスの需要が高まりました。

日本では公的な介護保険制度が整備されて、介護を必要とする人が介護サービスを利用することができますが、高齢者福祉の形は国によってさまざまです。

福祉大国として知られるスウェーデンは、税率が高く負担が大きいものの、そのぶん福祉が充実しています。在宅介護サービスが普及しており、デイケアやホームヘルプサービス、ナイトパトロールが行われています。また、自宅を暮らしやすくするために住宅改造資金手当制度もあります。高齢者が慣れ親しんだ自宅で快適に過ごすことをサポートするという方向で手厚い支援が行われます。

スウェーデンと似た考え方で福祉政策を進めているのがデンマークです。デンマークは1980年代に施設での介護から在宅での介護に舵《かじ》を切り、在宅ケアをサポートする政策が行われてきました。デンマークで行われている在宅介護サポートを受けるために、日本のような介護認定を受ける必要はありません。また、介護職員の多くは公務員であり、給与や待遇が安定しているため、人材不足の心配もないといいます。国民は消費税25%、所得税55%などの高額な税金を負担する代わりに、手厚いサービスを受けることができます。

一方、公的な介護保険制度が整備されていないのがアメリカです。公的な介護保険制度がないぶん、民間の保険制度が充実しているのですが、民間の介護保険は費用が高額になるので金銭的に余裕がなければ加入が難しいという難点があります。そのため、家族が協力して在宅で介護を行う傾向があります。

オーストラリアにも日本のような介護保険制度はありませんが、アメリカのような民間の保険制度が充実しているわけではなく、老齢年金の制度が活用されています。老齢年金は税方式をとっており、政府の財源から全額が支給されています。加入者が保険料を納めるわけではないので、介護サービスを利用する人に金銭的負担がかかりません。オーストラリアの場合は介護する側への支援が充実しており、介護者手当の支給や、介護にあたる人が休息をとれるようにレスパイトケアの推進などが行われています。

スウェーデンやデンマークのように、充実した支援が受けられるのは魅力的です。しかし、少子化が進んでいる日本では、ただでさえ少ない現役世代が大勢の高齢者を支えている状態で、高負担高福祉のモデルは無理があるといわざるを得ません。また、平均寿命が非常に長い日本においては、アメリカのように民間の介護保険しかなく、裕福な人しか利用できないという状態は望ましくありません。

在宅での介護が前提となっている国とは違い、日本では特別養護老人ホームや有料老人ホームなどに入所して介護を受けることもできますし、在宅でデイサービスや訪問看護を利用することもできます。介護保険制度のもと、介護を民間によるサービスとして発展させてきた日本の介護技術は、世界的に見てもレベルが非常に高いという評価をされています。

介護がハイレベルなのはもちろんのこと、日本の医療レベルは世界的に見ても高い水準にあります。その恩恵を受けて、日本の平均寿命はかつてないほどに延び、これまでに経験したことのない超高齢社会に突入しました。慢性期医療の現場では高齢者に対してどのような医療をすればよいのかということがたびたび議論になっています。

例えば、緩和ケアでは認知症の人を受け入れていないところも少なくありませんが、それでよいのかという問題があります。認知症の人であっても痛みを感じます。それを認知症の人をケアするだけの人手が足りていないからといって門前払いしてしまってよいはずがありません。

人間は高齢になればなるほど、体の状態や体力の個人差が大きくなります。これからの日本社会においては、テーラーメイド・メディスンといって、それぞれの患者に合わせて個別対応をしなければならない状況が増えていくはずです。それにもかかわらず、個別対応のガイドラインはまだ明確に定められておらず、それぞれの病院や医師が手探りで行っているのが現状です。

高齢の患者の場合、治療の方針について本人と家族とでは考え方が異なることも珍しくありません。家族は一日でも長く生きていてほしいと願うのに対し、本人は痛みをとるだけの最低限の処置のみにして、あとは穏やかに旅立ちたいと願っていることもあります。

家族が一日でも長く生きていてほしいと願うのは当然の感情ですが、人はただ生きていても楽しくありません。「高齢者にはキョウヨウ（＝今日の用事）とキョウイク（＝今日行く場所）があることが大事」などといわれますが、まさにそのとおりで、生きる喜びがあってこその人生です。

医療介護先進国は途上国の医療介護レベルを引き上げる義務がある

高齢者の数がピークを迎えるこれから10年くらいが、日本の医療介護業界にとって正念場になると私は見ています。その先のことを考えると、医療介護の先進国である日本は、海外の医療途上国のレベルを引き上げることに尽力すべきだと私は考えています。私は長年日本の地域医療に力を尽くしてきましたが、海外に目を向けてみれば、医療途上国とされる国々の現状は目を覆いたくなるような厳しい状況にあります。

この数年の間に、私は自分の運営する介護施設でミャンマーからの実習生を受け入れたり、海外に日本語学校や老人ホームをつくったりしています。その過程で見えてきたのは、グローバル循環型の外国人介護人材を活用することで、日本の課題も解決でき、海外の困っている人たちの役にも立つということです。

奨学金制度のある日本語学校を海外で開校することで、教育の機会に恵まれなかった人にも稼ぐ力をつけるチャンスをつくることができます。日本語を身につけて来日した外国人は、介護の現場で働くことで日本のレベルの高い介護技術を身につけることができます。それは日本国内のみならず、世界中で通用するスキルにほかなりません。

我々としては、国内の介護人材の不足が深刻ななか、外国人スタッフを積極的に受け入れることで、より良い介護サービスを提供することができます。異なる文化で育った外国人スタッフが入ることで、現場にも良い影響を与えます。

さらに、介護は家庭で担うのが当たり前の国に老人ホームをつくることで、日本で介護の仕事を身につけた外国人スタッフが、自分のライフステージの都合や希望に応じて、母国に帰って家族の近くで働くこともできるようになります。日本語を学び、日本の介護技術を身につけ、より良い給与を得て働くというモデルが身近にいれば、日本で介護の仕事をしようと志す若者も増えます。このサイクルを回していくことは、レベルの高い日本の医療介護を海外に広めることにつながります。

グローバル循環型の外国人介護人材の活用は、日本の医療介護現場の人手不足を解消しながら、日本の良質な医療介護を世界に根付かせ、より多くの人を幸せにするものであると私は信じています。

おわりに

私は大学生の頃、2カ月間ドイツで学んだ経験があります。そのときに感じたのは、言葉や文化が違っても人間の本質は変わらないということでした。当時20代だった私は、日本とは気候や環境の異なる住環境であっても、意外と生きていけるものだと思ったのを覚えています。

また、30代でアメリカに留学したこともありますが、さまざまな国から人が集まってくるグローバルな環境に身をおいてみて感じたのは、国籍がどこであっても人間が感じることに大差はないということでした。人間は楽しければ笑うし、悲しければ泣きます。バックグラウンドが違っても、心で通じ合うことができます。

今、海外から私の施設に働きにやって来る20代の若者たちを見ていると、当時の自分の姿と重なります。日本とは気候も文化も異なる国からやって来た若者たちは、日本の文化や住環境に柔軟になじんで元気に働いています。母国が政争で大変な状況になっても、未来への希望を捨てることなく一生懸命に働く外国人スタッフたちを見ていると、自分にできることはないだろうかと考えさせられます。

私は1975年に美山病院を開業したのを皮切りに複数の病院を開業して経営に携わり、1995年には老人保健施設を開設、2015年にはサービス付き高齢者住宅、2019年には住宅型有料老人ホームの開設もしてきました。現在は4つの病院と3つの老人保健施設、サービス付き高齢者住宅、住宅型有料老人ホーム、グループホーム、クリニックの運営をしています。また、グループ企業として10の介護施設と病院や介護施設向けの食事を提供する食品会社を運営しています。

そのなかで私が一貫して大切にしてきたのは「良き医療とやすらぎの環境」を実現するという理念です。時代は昭和から平成に移り、さらに令和の時代になりましたが、この考えはずっと変わりません。

AIをはじめとする先端技術の進歩はめざましく、医療や介護の現場にも積極的に導入されつつあります。新たな技術がどんどん出てきて便利になるにつれて、現場でますます重要になってくるのが心のケアだと私は考えています。人と人とのコミュニケーションを図っていくなかで個人が自分を磨くことも大事ですが、それ以上に大切なのはチームでいかに仕事に取り組んでいくかということです。

この本では、外国人介護人材とどのように関わり、どのようにして育てていくかということを説明してきました。外国人といっても、同じ人間であることには変わりありません。外国人スタッフを受け入れる際には、外国人スタッフを人手不足解消のための補充要員と考えるのではなく、国を超えた介護文化の発展を担う仲間であるととらえることで、関係性がまったく違うものになるはずです。

私が外国人スタッフの受け入れを始めようと言い出したとき、現場では不安に思った職員も少なくありませんでした。何から始めればよいのか分からない状態から手探りで進んでいきました。受け入れに際しては内部で勉強会を開き、スムーズになじんでもらうためにはこうしたらどうだろう、ああしたらどうだろうとみんなで話し合って知恵を出し合いながら試行錯誤しました。

今ではあの心配はなんだったのかというくらい、日本人スタッフと外国人スタッフとの間には良好な関係が出来上がっています。外国人スタッフは今では頼もしい存在に成長し、日本人スタッフへ良い刺激を与えてくれます。

経営の神様といわれる松下幸之助さんは、人を登用する基準を「運と愛嬌《あいきょう》」だと言ったそうです。運が良い人を別の言葉で言い換えると、人が寄ってくる人ということでもあります。みんなから好かれる人の周りは雰囲気が明るくなり、さらに人が集まってきます。

ミャンマーからやって来た外国人スタッフを見ていると、運が良くて愛嬌のある人というのは、まさにこういう人のことなのだろうと思います。たとえ言葉が完全に理解できなくても自然と人の輪ができていきます。礼儀正しく、明るくてハキハキしていて一生懸命働くので、同僚からも利用者からも愛されています。

これから10年は介護業界にとって踏ん張りどころです。団塊世代が後期高齢者となるなか、慢性的な人材不足の介護業界で、日本の生産年齢人口が減少しているにもかかわらず、日本人スタッフだけで現場を回すのが無理なのは数字を見れば明らかです。

その先にやって来るのは、高齢者の数までも減ってきて介護施設が淘汰《とうた》される時代です。国内だけに限った経営をしていれば、事業所の生き残りは難しくなるでしょう。そんな未来を見越してグローバル循環型の人材活用を今こそ進めることで、これからの10年を乗り切り、医療介護途上国に介護サービスの文化を根付かせるための種まきができます。

私は長年にわたって医療先進国である日本に暮らし、その恩恵を受けてきました。この恩を返したいという思いから国際貢献に意識が向くようになり、この数年は海外に日本語学校をつくったり、老人ホームの建設を進めたりしてきました。バングラデシュに老人ホームを設立したこともその一つです。

さらに現在は、バングラデシュからの留学生に日本語と農業を教える施設の建設準備を進めています。廃校になった校舎を利用し、午前中は留学生に日本語を教え、午後からは農業に従事してもらいたいと考えています。冬は作物が取れないので、みんなで干しいもを作ったり、もみ殻でスプーンを作ったりする予定です。

このように交流の輪を広げ、若い人に夢と希望をもってもらい、戦争のない平和な世の中になるための一つの礎になってもらえればと考えています。

手広くやっているといわれますが、すべての取り組みに共通しているのは、留学生を日本での労働力として消費するのではなく、日本で身につけた技術を用いて母国で活躍してもらうことです。

海外スタッフの積極的な活用もして一定の成果が出てきましたが、私が考えるグローバル循環型の人材活用の実現はまだまだこれからです。今後もグローバル循環型の介護人材活用を推し進め、一人でも多くの人に良き医療とやすらぎの環境を与えられる未来が実現することを思い描いています。

井筒 岳（いづつ たけし）

社団医療法人啓愛会理事長。

1950年、中国・湖南省生まれ。1953年に日本へ帰国し、中学生の頃から医師を志すようになる。1975年に東京医科大学を卒業後、父とともに美山病院、美希病院、宝陽病院を開設。その後、37歳でアメリカへ留学してグローバルな環境に身をおいた経験が、現在の外国人材育成への取り組みにつながっている。日本で育成した外国人のスタッフが母国でも活躍できるよう、海外での医療施設や老人ホームの設立なども手掛ける一方、国内では「良き医療とやすらぎの環境」の理念のもとに長年にわたり地域に根ざした病院や介護福祉施設の経営をしてきた。近隣の医療機関や介護福祉施設などと連携をとりつつ地域医療に尽力し、2017年には東北地方の民間医療機関で医業収益1位となっている。

本書についての
ご意見・ご感想はコチラ

グローバル循環型
外国人介護人材活用

2024年10月30日　第1刷発行

著　者　　　井筒 岳
発行人　　　久保田貴幸

発行元　　　株式会社 幻冬舎メディアコンサルティング
〒151-0051　東京都渋谷区千駄ヶ谷4-9-7
電話　03-5411-6440（編集）

発売元　　　株式会社 幻冬舎
〒151-0051　東京都渋谷区千駄ヶ谷4-9-7
電話　03-5411-6222（営業）

印刷・製本　中央精版印刷株式会社
装丁・装画　野口 萌

検印廃止

ISBN 978-4-344-92857-2 C0034
幻冬舎メディアコンサルティングＨＰ
https://www.gentosha-mc.com/